99 7234-0

Dieter Brumm

Kleines Harz-ABC

Fotografien von Günter Pump

Husum

Einführung

Bewaldete Höhenlagen, die wie Wellen bis zum Horizont rollen. Unberührte Wildnis mit Luchsen und Schwarzstörchen. Atemberaubender Blick von der Rosstrappe ins tiefe Bodetal. Hexentänze in der Walpurgisnacht. Prachtvolle Fachwerkhäuser in vielen Orten und Städten. Herrliche Skipisten im Winter. Und nicht zuletzt der Brocken. Millionen Menschen zieht es Jahr für Jahr in den Harz. Eine Urlaubsregion, die seit der Wende als Reiseziel gewonnen hat. Nicht nur der Brocken ist wieder frei, auch die prunkvollen Schlösser und Klöster im östlichen Teil sind eine Bereicherung.

Prachtvolle Fachwerkhäuser in vielen Orten

Herrliche Langlaufloipen im Winter

So hat das norddeutsche Mittelgebirge heute für jeden etwas zu bieten. Ob Wanderer, Wintersportler oder Kulturliebhaber – alle zieht es in diese Gebirgslandschaft, in der über Jahrhunderte Bergbau betrieben wurde. Wie große Denker und Dichter vor ihnen sind die Menschen fasziniert von dieser einzigartigen Kulturlandschaft. Johann Wolfgang von Goethe hat seine Spuren hinterlassen und den Harz in seinem „Faust" verewigt. Auch Heinrich Heine war hier, beschrieb seine Wanderung durch das Ilsetal zum Brocken. So wie er sehnt sich jeder Harz-Besucher danach, einmal auf diesen mythischen Berg zu steigen.

Alexisbad

Seit dem 18. Jahrhundert ist Alexisbad wegen seiner Quellen ein beliebter Kur- und Badeort. Der Selkebrunnen wird aus mehreren Stollen gespeist. 1829 wurde auch der Alexisbrunnen als Trinkbrunnen eröffnet. Das heilende Wasser zieht bis heute Gäste an. Es wird bei einer Kur besonders wegen seiner jod- und fluorhaltigen Stoffe geschätzt. Seit der Wende haben mehrere moderne Wellness-Hotels eröffnet.

Mediziner erkannten die Heilkraft des eisenhaltigen Wassers, das aus dem Stollen heraussprudelte.

Alexisbad ist ein kleiner Ortsteil von Harzgerode in Sachsen-Anhalt und liegt auf einer Höhe von 325 Metern. Der Ort an der Selke gilt als eine der ältesten Ansiedlungen im Unterharz. Im Jahr 975 gründete der Abt Hagano das Kloster Hagenrode. Im Bauernkrieg von 1525 wurde es zerstört, nur die Mühle blieb erhalten. Im Jahr 993 erhielt Alexisbad Markt- und Münzrecht.

Bergleute suchten im 17. Jahrhundert im Selketal nach Silbererz. Weil sie das Grundwasser loswerden mussten, legten sie einen Stollen an, aus dem eisenhaltiges Wasser hervortrat. Fürst Friedrich Albrecht von Anhalt-Bernburg (1735–1796) ließ es durch seinen Leibarzt untersuchen. Der Mediziner erkannte die Heilkräfte des Quellwassers, das in einem Sammelbecken aufgefangen wurde. Dort entstanden sechs Badestuben. Bereits 1768 zählte der Wirt in der „Bademühle" 31 Heilung suchende Kurgäste. Dies wird in der Chronik des Ortes erwähnt. Doch wirtschaftliche Probleme führten zu

Rückschlägen. Statt des Quellwassers wurde Selkewasser verabreicht.

Als der regierende Herzog Alexius Friedrich Christian (1767–1834) von der heilsamen Wirkung des Stollenwassers hörte, ließ er es von seinem Leibarzt Carl Ferdinand Graefe erneut untersuchen. Ergebnis: Es ist mit Jod, Fluor und Eisen angereichert. Der Herzog ließ Brunnen, Badeanstalt und eine Spielbank bauen – schnell stieg Alexisbad zum Nobel-Kurort auf. Bekanntester Kurgast war 1820 Carl Maria von Weber.

Ein ausgedehntes Wegenetz lädt zum Wandern ein. Bei Alexisbad führen 200 Kilometer markierte Wege durch das bewaldete Selketal. Beliebte Ziele sind die Verlobungsurne und der Luisentempel, der 1823 zu Ehren der Prinzessin von Preußen als Wahrzeichen von Alexisbad erbaut wurde. Als Wanderziel lohnt auch die Köthener Hütte, die 1897 auf einer Felsklippe über dem Selketal errichtet wurde.

Neben den Kurgästen und Wanderfreunden zieht es besonders Eisenbahnfans nach Alexisbad. Denn auf dem historischen Bahnhof starten manchmal gleichzeitig und nebeneinander zwei Dampflokomotiven. Nicht nur für Eisenbahnfreunde ein faszinierendes Bild.

Der Luisentempel, der 1823 zu Ehren der Prinzessin von Preußen als Wahrzeichen von Alexisbad errichtet wurde

Altenau

„Altenau … da, wo der Pfeffer wächst". Seit der Eröffnung des größten Kräuterparks spielen in der Oberharzer Bergstadt Kräuter und Gewürze eine Rolle. Doch vor allem geht es in Altenau, das an der Oker liegt, um Erholung pur. Sich in gesunder Luft bewegen, das ist es, wonach sich die meisten der jährlich 120 000 Urlauber sehnen. Im Ortsteil Torfhaus, der

Besonders gekennzeichnet ist der Goetheweg.

Nationalparkhaus im Ortsteil Torfhaus

in 800 Meter Höhe im Nationalpark Harz liegt, befindet sich das Nationalparkhaus. Ein Informationszentrum, das viele Besucher anzieht. Von dort aus ist ein herrlicher Blick auf den →*Brocken* möglich. Von dieser Sicht war schon Johann Wolfgang von Goethe begeistert, der im Herbst 1777 zum Brocken wanderte. Deshalb wurde die acht Kilometer lange Strecke zum höchsten Harzberg hinauf Goetheweg getauft.

Zum Freizeitangebot in Altenau zählen unter anderem ein Nordic-Walking-Zentrum, ein ausgedehntes Wegenetz zum Wandern und im Winter zum Langlaufen, der Ski- und Rodellift

sowie die neue Thermen- und Saunalandschaft „Kristall Heißer Brocken“.
Altenau ist die jüngste der sieben Oberharzer Bergstädte, erhielt 1617 das Stadtrecht. Ab 1584 wurden hier Eisen- und Silbererze gewonnen, 1911 gab die Hütte auf. Damals kamen die ersten, wenn auch wenige Erholungsuchende.
Mehr über die Geschichte und den frühen Bergbau erfahren die Gäste in der Heimatstube, die im Kurgastzentrum untergebracht ist.
Und nicht nur mit Gewürzen kann der kleine Ort werben, auch mit dem „Altenauer Pils“, dem Bier, das seit 1617 in der einzigen Privatbrauerei des Oberharzes gebraut wird.

Im Kräuterpark Altenau blühen und duften Kräuter aus aller Welt.

Altenbrak

Im →*Bodetal* liegt 350 Meter über dem Meeresspiegel die Gemeinde Altenbrak, die sich etwa zwei Kilometer entlang der Bode erstreckt. Wälder und Wiesen bestimmen die Landschaft, die von Wanderfreunden so geliebt wird. Es herrscht ein Mittelgebirgsklima, das für eine Klimatherapie idealer nicht sein kann. Ein wahres Paradies ist das Bodetal auch für Angler, die gerne der Harzer Bachforelle nachstellen. Schon Theodor Fontane wusste die reine Natur zu schätzen. Er besuchte 1884 das Bodetal und verarbeitete seine Eindrücke im Roman „Cécile".

Der Luftkurort mit weniger als 500 Einwohnern ist als Hüttendorf zum ersten Mal 1448 urkundlich erwähnt, aber wahrscheinlich wurde hier schon im 13. Jahrhundert gesiedelt. Mit der Schließung der letzten Hütte im Jahr 1867 verarmte die Dorfbevölkerung. Zum Glück entwickelte sich später der Tourismus. Nur einige Kilometer vom Ort entfernt befindet sich die Talsperre Wendefurth, ein beliebtes Ausflugsziel. Unvergesslichen Badespaß bietet das Bergschwimmbad. Auf der Waldbühne werden jedes Jahr von Juni bis September Theater- und Musikfestspiele abgehalten. Und an jedem ersten September-Wochenende findet hier der jährliche Jodler-Wettstreit statt.

Altenbrak im oberen Bodetal eignet sich hervorragend für Wanderungen in die wald- und wasserreiche Umgebung.

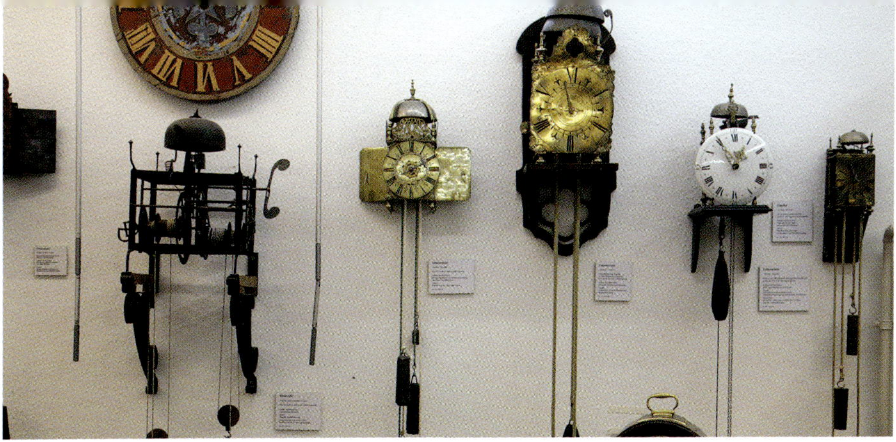
Im Uhrenmuseum in Bad Grund werden mehr als 1700 Exponate gezeigt.

Bad Grund

In Moorbädern kann man in Bad Grund kuren. Die Tradition der Kuren hat ihre Anfänge um 1510. In der Chronik ist festgehalten: Die verwitwete Herzogin Elisabeth von Braunschweig-Lüneburg, geborene Gräfin von Stolberg, die auf der nahe gelegenen Stauffenburg lebte und die Bergstadt Bad Grund oftmals besuchte, hat 1510 hier Schlackenbäder genommen. Bad Grund ist die älteste der sieben Oberharzer Bergstädte und liegt geschützt in einem Tal. Zunächst war der Ort nur eine Waldarbeiter-Siedlung, ab 1532 durfte Erzbergbau betrieben werden. Die Silbergruben schlossen im 19. Jahrhundert. Wer etwas über den Bergbau erfahren möchte, sollte das Bergbaumuseum auf dem Gelände des Knesebeck-Schachtes besuchen. Dort stehen noch eine alte Schachtanlage und verschiedene Fördergeräte.
Lohnenswert ist ebenso der Besuch des Uhrenmuseums. In der größten privaten Uhrensammlung der Welt sind mehr als 1700 funktionsfähige Chronometer zu bewundern, einige sind uralt.
Eine weitere Attraktion der Gemeinde ist der Exotenwald, in dem seit Jahrzehnten Bäume und Sträucher aus der ganzen Welt wachsen.

Bad Harzburg

Pferderennbahn und Spielbank – Bad Harzburg ist eine exklusive Kurstadt im Nordharz. Zum Wohlfühlen lädt die für den Harz einzigartige Sole-Therme ein, die sich aus der 840 Meter tiefen Dr.-Harras-Schneider-Quelle speist. Und in der Trink- und Wandelhalle kann der Gast gesundes Wasser trinken. Bad Harzburg ist ein moderner Kurort, der fast allen Freizeit-Bedürfnissen gerecht wird: Nordic Walking, Mountainbiking, Reitsport, Golf, Tennis, Wandern und vieles mehr.

Von der Burganlage aus dem 11. Jahrhundert sind Reste vorhanden.

Vom Kurpark aus kann mit der Seilbahn der 482 Meter hohe „Große Burgberg" erreicht werden. In der Gondel werden auf Wunsch Verliebte getraut, die Hochzeitsgesellschaft darf aber nicht groß sein.

Auf dem historischen Burgberg hatte Kaiser Heinrich IV. im 11. Jahrhundert eine Burganlage bauen lassen, die in

Schön ist der Blick in die Weite des Flachlandes und auf die Stadt.

den Jahren 1073/1074 im sächsischen Aufstand zerstört wurde. 1180 baute Kaiser Barbarossa sie zur Reichsfeste aus. Am Ende des Dreißigjährigen Krieges ließ der Braunschweiger Herzog Anton der Jüngere die Festung abreißen. Nur die historische Bedeutung der Burgruine überdauerte. So gab es von 1900 bis 1908 erste Ausgrabungen. Fragmente der Burg sind heute restauriert und können besichtigt werden. Auch gibt es ein Burgbergmuseum. Übrigens: Vom Burgberg aus ist ein schöner Blick auf Bad Harzburg, die Berge sowie das Harzvorland möglich.

Bad Lauterberg

„Der Urlaub in Bad Lauterberg war mal wieder Spitze! Wandern, Schwimmen und Shopping, alles ist möglich", schrieb ein begeisterter Urlauber in das Gästebuch das Stadt. Und tatsächlich: Wer die Seele baumeln lassen, in Heilbädern oder beim Sport neue Kräfte gewinnen möchte, der ist in dem staatlich anerkannten Kneipp-Heilbad richtig. Bad Lauterberg im Südharz zählt zu den bedeutendsten Kneipp-Heilbädern in Deutschland. Fast 4000 Gästebetten bietet der Kurort in Kliniken, Ferienwohnungen und Hotels. Zudem

befinden sich an den Stauseen vier Campingplätze. Die Berge rundum sind zwischen 460 und 718 Meter hoch. Da an den Hängen vor allem Mischwälder stehen, bietet sich im Winter von den Loipen ein herrlicher Blick in die Täler. Das Loipennetz hat eine Länge von 47 Kilometern und ist an die Oberharzer Loipen angeschlossen. Bedingt durch die starke Bewaldung und die mittlere Höhenlage konnte in Bad Lauterberg nur eine Skiabfahrt mit Schlepplift angelegt werden.

Die historische Altstadt von Bad Lauterberg gehört zu den schönsten Fachwerkstädten, die den Harz umgeben.

Wer Bad Lauterberg besucht, sollte unbedingt mit der Seilbahn auf den Hausberg fahren. Ein schöner Blick auf die Stadt ist garantiert, und das Burg-Restaurant verwöhnt seine Gäste.

Bad Sachsa

Bad Sachsa kann auf eine lange Tradition als heilklimatischer Kurort zurückblicken, verfügt über ein modernes und anerkanntes Gesundheits- und Kurzentrum. Schon Mitte des 19. Jahrhunderts begann der Fremdenverkehr, der 659 Meter hohe Ravensberg war schon damals ein Anzie-

Weißkopfseeadler im „Harzfalkenhof"

Historische Gebäude inmitten üppigen Grüns bestimmen das Stadtbild von Bad Sachsa.

hungspunkt. Von dort oben kann man bis zum →*Brocken* blicken. 1864 kamen die ersten Kurgäste nach Bad Sachsa. Der nette Ort schmückt sich mit schönen Fachwerkhäusern, ist von Wäldern, Bergen und Naturdenkmälern umgeben. Neben Wandern und Skilauf wird den Urlaubern viel Ab-

wechslung geboten. So im „Salztal-Paradies“, wo nicht nur die Schwimmer auf ihre Kosten kommen. Ein Wildwasserkanal sorgt bei den jungen Leuten für den nötigen Nervenkitzel. Auf dem „Harzfalkenhof“ auf dem Katzenstein werden Greifvögel gezeigt. Der „Märchengrund“ im Tal unterm Katzenstein lässt Kinderherzen höher schlagen. In den Wintermonaten treffen sich viele zum Schlittschuhlaufen in der Eislaufhalle. Wie es an der deutsch-deutschen Grenze zuging, ist im Grenzland-Museum im Ortsteil Tettenborn dokumentiert. Dort steht ein Wachturm, davor ist eine Grenzanlage im Modell rekonstruiert. Nachgestellt sind auch verschiedene Fluchtversuche.

Raritäten der neueren deutschen Geschichte sind im Grenzlandmuseum zu sehen.

Ballenstedt

Am nördlichen Rand des Harzes liegt Ballenstedt, die „Wiege Anhalts". Die Stadt hat eine große Geschichte. Zahlreiche Bauten des Barock und des Klassizismus sowie Fachwerkfassaden prägen das Stadtbild. Das hoch gelegene Schloss, eine barocke Dreiflügelanlage aus der ersten Hälfte des 18. Jahrhunderts, erreicht man über eine Allee. Die majestätische Schlossanlage ist der Stammsitz der Askanier, eines der maßgeblichen Geschlechter Mitteldeutschlands. Albrecht der Bär, Uta von Naumburg, Katharina die Große und der Alte Dessauer hatten hier ihre Wurzeln. Der erste Askanier war Graf Esico von Ballenstedt, der im 11. Jahrhundert lebte. Eine Dauerausstellung im Schloss erzählt die ganze Adelsgeschichte.

Sehenswert ist das 1788 errichtete Schlosstheater, älteste Sprechbühne Sachsen-Anhalts. Zu einem Spaziergang lädt der nach Entwürfen von Peter Joseph Lenné im Jahr 1858 gestal-

Im 17. und 18. Jahrhundert wurde das ehemalige Kloster Ballenstedt zum Schloss ausgebaut und diente als Sommerresidenz der Fürsten von Anhalt.

Die Wasserachse mit den fünf Wasserbassins wurde 1858 nach den Entwürfen von Peter Joseph Lenné (1789–1866) angelegt. In dieser Zeit entstanden auch die Terrassen und Treppen.

tete Schlossgarten ein. Herausragendes Parkelement ist die in den Landschaftspark eingebettete, am Nordhang liegende Wasserachse mit den fünf Wasserbassins und der imposanten Drachenfontäne aus Zinkguss. Zu den Sehenswürdigkeiten des Parks gehören die sanierte Schlossmühle (1785) und der gusseiserne Löwe von Gottfried Schadow (um 1825).

Benneckenstein

Blühende Bergwiesen und herrliche Fichtenwälder. Das frühere Bergarbeiterdorf Benneckenstein liegt in etwa 500 Meter Höhe im Tal der Rappbode. Der Luftkurort in Sachsen-Anhalt ist ein idealer Ausgangspunkt für Wanderungen in den Oberharz. Ein weites Wanderwegenetz lädt zu Bergtouren, aber auch zu Spaziergängen ein. Und in der Wintersaison ist in der Region Skilanglauf möglich. Das ganze Jahr über wird das moderne Hallenschwimmbad gut angenommen.

Eine gute Adresse ist Benneckenstein für Tatrafans. Das Truck Trial Team Oberharz wurde Vizemeister der DTTM 2001 und 2002 und sogar Deutscher Meister 2003 in der Klasse S5.

Ein Tatra 813 8x8 mit 250 PS

2006 wurde Max Schmeling in Benneckenstein ein Denkmal gesetzt.

Bekannt ist der Ort auch durch das große Box-Idol Max Schmeling. Von 1934 bis 1936 befand sich in Benneckenstein das Trainingslager der Deutschen Olympiamannschaft. Unter ihnen Max Schmeling. Sein berühmtester Kampf war 1936 in New York gegen Joe Louis. Schmeling besiegte den „Braunen Bomber“, der bis dahin als unschlagbar galt. Nach diesem glorreichen Sieg ernannte ihn Benneckenstein im November 1936 zum Ehrenbürger. Max Schmeling fühlte sich mit dem Ort, in dem er so hart trainiert hatte, viele Jahre verbunden. 1993 wurde in Benneckenstein ein Platz nach Max Schmeling benannt.

Bergbau begann mit einer Sage

Die lange Geschichte des Bergbaus im Harz fand im Juni 2007 ihr endgültiges Ende. Die Grube „Wolkenhügel" bei →*Bad Lauterberg* im Südharz wurde als letzte Förderstätte geschlossen. Fast 170 Jahre wurde hier gearbeitet.

Der Bergbau im Harz fand zum ersten Mal im Jahr 968 in einer Sage Erwähnung. Das Pferd eines Ritter Ramm soll bei Goslar während eines Jagdausflugs eine Silberader freigescharrt haben. Die Stadt →*Goslar* wurde reich und im 12. Jahrhundert suchte man auch im Oberharz nach dem wertvollen Metall. Doch wahrscheinlich wurden schon viel früher Erze in dem norddeutschen Mittelgebirge gewonnen. Schlacken- und Erzfunde bei Düna (Kreis Osterode) bezeugen, dass dort im 3. und 4. Jahrhundert Kupfer und Silber aus den Bergen geholt wurden. Und im Oberharz soll es schon in der Bronzezeit, also vor etwa 3000 Jahren, Bergbau gegeben haben. Zahlreiche Bergwerke wurden im Mittealter in Betrieb genommen, um Silbererz ans Tageslicht zu holen.

Die Blüte des Bergbaus sorgte für Wohlstand. Im 16. Jahrhundert sicherten sich die regierenden Fürsten verstärkt die Silbervorkommen im Oberharz. Die Herrscher ernannten →*Bad Grund*, →*Altenau*, →*Clausthal*, →*St. Andreasberg* und andere Orte zu freien Bergstädten. Der Dreißigjährige Krieg ließ die Einnahmequellen versiegen. Aber im 18. Jahrhundert ging es wieder bergauf. Anfang des 20. Jahrhunderts wurden dann immer mehr Gruben geschlossen. Es gab im-

Die Kulturorganisation der Vereinten Nationen, UNESCO, erklärte den Rammelsberg 1992 zum Welterbe der Menschheit.

mer weniger Vorkommen an Erzen, die Silber, Kupfer oder Zink in sich trugen. Als letztes Erzbergwerk musste 1992 die Grube „Hilfe Gottes“ in Bad Grund aufgegeben werden. In der 2007 geschlossenen Grube „Wolkenhügel“ wurde kein Erz gewonnen, sondern Schwerspat, ein Grundstoff für die Farbenindustrie.

Auch wenn der Bergbau im Harz nur noch Geschichte ist, das Interesse an den ehemaligen Bergwerken und Förderanlagen ist nach wie vor groß, gerade auch bei den Touristen. Empfehlenswert ist ein Besuch des Rammelsberges, benannt nach besagtem Ritter Ramm, südlich von Goslar, wo es nicht nur ein spannend gestaltetes Museum gibt. Auch Führungen durch das 1988 geschlossene Bergwerk werden angeboten.

Blankenburg

Wer etwas über die lange Geschichte der Wandergesellen-Tradition wissen möchte, sollte das Museum „Historische Gesellenherberge" in Blankenburg besuchen. Es ist das einzige seiner Art in Deutschland. In dem 1684 errichteten Fachwerkhaus fanden reisende Gesellen von 1884 bis 1916 eine Unterkunft. Neben dem einstigen Herbergsmilieu mit Innenhof, Stall, Waschküche, Küche und Logierzimmer ist das Brauchtum der Gesellen in einer Ausstellung dokumentiert. Blankenburg ist aber längst nicht nur wegen der Gesellenherberge eine Reise wert. Sehenswert sind das barocke Große Schloss, das über der Stadt thront, und das 1725 als Fürstliches Gartenhaus erbaute Kleine Schloss. Eine wahre Augenweide sind die Barockgärten des Kleinen Schlosses. In der Stadt lohnt eine Besichtigung des Rathauses. Ebenso schmücken zahlreiche Fachwerkhäuser den Marktplatz und einige Gassen.

Die Stadt am Nordrand des Harzes ist ein beliebter Kurort mit einer langen Heil-Tradition. Schon die Mönche des Mittelalters schätzten die Heilwirkung der Erde bei Blankenburg. So ist das Moor, das frisch am Ortsrand gewonnen wird, ein erfolgreiches Heil-

Über dem Haupteingang des Rathauses Blankenburg befindet sich das Wappen des Herzogtums Braunschweig mit der Jahreszahl 1734.

Auf den Grundmauern einer alten Burg wurde von 1705 bis 1718 hoch über der Stadt das „Große Schloss" errichtet. Nächste Seite: Herzog Ludwig Rudolf zu Braunschweig-Lüneburg ließ das sogenannte „Kleine Schloss" (heute Museum) am Fuß des Burgberges erbauen.

mittel. Es kommt unter anderem bei Erkrankungen der Gelenke und der Wirbelsäule zur Anwendung. Die „Teufelsbad-Fachklinik" bietet vielfältige Kuren an. Die Klinik ist nach dem Teufelsbach benannt, aus dem früher heilender Mineralschlamm gewonnen wurde.

Bodetal

Ob man von der 437 Meter hohen →*Rosstrappe* oder vom gegenüberliegenden Hexentanzplatz schaut: Der Blick in das wildromantische Bodetal bei →*Thale* ist atemberaubend.

Das sagenumwobene Bodetal ist eine imposante Felsenschlucht mit 250 Meter hohen Granitfelsen.

Wer diese Natur allerdings hautnah erleben möchte, sollte im Naturschutzgebiet zwischen Thale und Treseburg wandern. Ein guter Ausgangspunkt dafür ist der Großparkplatz in der Nähe der Seilbahnstationen in Thale. Von dort führt ein Weg direkt ins Bodetal, das seit jeher Menschen anzog. So sollen schon vor 70000 Jahren Jägerhorden durch das Tal gezogen sein. Den durchgängigen, zwölf Kilometer langen Uferweg zwischen Thale und Treseburg schufen Menschen aber erst 1865.

Wer auf diesem Weg unterwegs ist, erfährt viel über das Tal. Naturschützer haben sich die Mühe gemacht, auf verschiedenen Infotafeln entlang der Strecke die einzigartige Natur zu erklären. So bietet die Bode, die an einigen Stellen bis zu zwölf Meter breit ist, gute Lebensbedingungen für Fische. Nicht nur Forellen, die Lieblingsbeute der Fliegenfischer, sind in der Bode zu Hause. Auch Flussbarsche, Plötze, Stichlinge, Hechte und andere Arten gibt es.

Nicht weit ist der Weg von Thale zum „Gasthaus Königsruhe", wo die Wirtsleute Forellen räuchern und im Steinofen Brot backen. Ein Schild weist da-

rauf hin, dass die kommenden zehn Kilometer entlang der Bode beschwerlich sind.
Doch zunächst geht es noch bequem weiter. Vorbei am Goethefelsen und weiter über die 1863 gebaute Teufelsbrücke, die auf die andere Seite der Bode führt. Granitvorsprünge reichen bis ans Wasser. Greifvögel wie der Habicht haben hier ihr Revier: In den Felsspalten finden sie Schutz und in den Wäldern reichlich Beute.
Die Bode stürzt jetzt gewaltiger in die bis zu vier Meter tiefen Strudeltöpfe. Die Anstiege werden steiler, wofür die Wanderer später mit einem wunderschönen Ausblick belohnt werden: Unter ihnen donnert das Wasser durch den gewaltigen Bodekessel.

Braunlage

Braunlage ist *der* Wintersportort im Hochharz, bietet aber auch zu anderen Jahreszeiten Erholung und Abwechslung. Ein Erlebnis ist die Fahrt in der Kabinenseilbahn, die auf den 971 Meter hohen Wurmberg fährt, den zweithöchsten Berg im Harz. Dort steht mit der „Wurmbergschanze" Norddeutschlands größte Sprungschanze. Vom Aussichtsturm ist ein herrlicher Blick über den ganzen Harz möglich, wenn der Berg nicht im Nebel liegt.

Am Heimat- und Skimuseum

Nicht nur im Winter bietet das Braunlager Eisstadion Sport und Spaß, in dem das Eishockey-Spiel eine große Bedeutung hat. Neben der Eissporthalle verfügt der Ferienort über eine Rodelbahn, Ski- und Langlaufpisten sowie ein ausgedehntes Wanderwegenetz.

Die Ursprünge Braunlages sind mit dem Bergbau verbunden, der im 17. Jahrhundert florierte. Durch die Einrichtung von Heilbädern entwickelte sich der Ort später zum Kurort, erste Gäste kamen 1882. Wer über den Bergbau und den Wintersport mehr wissen möchte, sollte unbedingt das Heimat- und Skimuseum besuchen.

Ein Ortsteil von Braunlage ist Hohegeiß, der am höchsten gelegene Harz-Kurort. Wintersportler schwören auf die große Schneesicherheit in dem Bergdorf, das sich 642 Meter über dem Meeresspiegel befindet.

Mit der Kabinenbahn schwebt man zur Spitze des Wurmbergs. Nächste Seite: Der Kronleuchter in der Trinitatiskirche Braunlage von 1895 zeigt zwölf Wappen am oberen Ring, sie stammen z. T. aus der näheren Umgebung.

Wurmberg
Seilbahn
64
Wurmberg
Seilbahn
50

Brocken

Er fasziniert, zieht die Menschen an. Doch warum nur? Seine Kuppe ist abgerundet, Bäume wachsen hier nicht, oft regnet es und an etwa 300 Tagen des Jahres steckt der mit 1141 Metern höchste Berg des Harzes im Nebel. Dennoch: Jährlich sind es bis zu zwei Millionen Menschen, die den Brocken „erobern", die meisten lassen sich mit der Brockenbahn bringen. Seit 1991 schnauft sie wieder den Berg hoch. Während der DDR-Zeit war dies nicht möglich. Die ostdeutschen Grenztruppen hatten eine 2,5 Kilometer lange und 3,6 Meter hohe Mauer rund um die Bergkuppe gezogen. Der

Das Klima auf dem Brocken ist rau, es entspricht 1900 Meter Höhe in den Alpen. Die natürliche Baumgrenze liegt unter dem Gipfelplateau bei 1100 Meter.

Brocken war fast 30 Jahre lang militärisches Sperrgebiet. Die Staatssicherheit der DDR und russische Spionageeinheiten hörten vom Gipfel aus Funk- und Telefongespräche im Westen ab und überwachten den Luftraum.
Nicht nur Westdeutsche, auch die Menschen im Osten Deutschlands durften nicht auf den Berg. Dies traf die deutsche Seele.

Die Felsen von Teufelskanzel und Hexenaltar haben Goethe bei seinen Brockenbesteigungen zur Walpurgisnachtszene im „Faust" inspiriert. Nächste Seite: An wenigen Tagen ist der Brocken „wolkenfrei", aber an vielen Tagen kann man den Gipfel nicht sehen.

Denn der Brocken ist ein Deutscher, wie der Dichter Heinrich Heine meinte. Vor Heine war bereits ein großer Deutscher auf dem Brocken: Johann Wolfgang von Goethe. Im Winter 1777 bestieg der Dichter den Berg

Das Nationalparkamt informiert im Brockenhaus die Besucher u. a. über die Lebensräume im Nationalpark.

zusammen mit einem Förster von Torfhaus aus. Zu damaliger Zeit ein wirkliches Abenteuer. Goethe war vom Brocken so inspiriert, dass er seine Eindrücke mit der Walpurgisnachtszene im „Faust" einfließen ließ. Seitdem ist der Brocken weltberühmt. Die Walpurgisnachtszene, die Goethe beschrieb, entstammt der Fantasie alter Mythen: In der Nacht zum 1. Mai, der →*Walpurgisnacht*, treffen sich die Hexen an der Teufelskanzel, die auf der Südseite des Brocken-Gipfels steht. Sie tanzen am Hexenaltar und wollen so den Winter vertreiben, der auf dem Brocken für meterhohen Schnee sorgen kann.

Es mag auch am „Faust“ gelegen haben, dass von Jahr zu Jahr mehr Menschen auf den Brocken stiegen, der im Volksmund „Blocksberg“ genannt wird. Gab es seit 1736 nur das Wolkenhäuschen als Schutz für die Wanderer, wurden im Jahr 1800 das erste Gasthaus und ein Aussichtsturm eröffnet. 1895 montierten Techniker die älteste deutsche Wetterstation auf dem Brocken. Die Gaststube mauserte sich mit den Jahren zum Brockenhotel. Den Zweiten Weltkrieg überstand das Gebäude nicht, amerikanische Bomben zerstörten es am 17. April 1945.
Heute ist es wieder wie früher, nur viel gigantischer. Der Brockenwirt hat einen großen „Touristensaal“ eingerichtet, die Wetterwarte ist mit digitaler Technik vollgestopft, ebenso der Sendemast. Im Brockenhaus informiert eine Ausstellung über Historie und Natur des Berges, der 1890 angelegte Brockengarten dient dem Naturschutz.
Nicht zu vergessen der Bahnhof. Die erste Lok dampfte übrigens bereits 1899 den Brocken hinauf.

Das Wolkenhäuschen, das 1736 Fürst zu Stolberg-Wernigerode bauen ließ

Clausthal-Zellerfeld

Nicht nur durch die →*Holzkirche* ist Clausthal-Zellerfeld bekannt geworden. Die Stadt mit etwa 15000 Einwohnern ist auch Standort der einzigen Universität im Harz. Mehr als 3000 Studenten sind an der Technischen Universität, der früheren Bergbauakademie, eingeschrieben.

Historisch von Bedeutung ist die Stadt, die 1924 aus den Orten Clausthal und Zellerfeld zusammenge-

Als der Bergbau eingestellt wurde, hat man die Maschinen an ihren Einsatzorten demontiert und im Schaubergwerk wieder aufgebaut.

Zum „Oberharzer Wasserregal" gehört auch der Obere Pfauen-Teich, er wurde vor 1661 erbaut.

schlossen wurde, wegen des ehemaligen Silberbergbaus. So lohnt ein Besuch des Oberharzer Bergwerksmuseums, eines der ältesten Technik-Museen Deutschlands. Gegründet wurde es 1892. Eine Silberwaage aus dem Jahr 1744 sowie eine Bergkanne der Clausthaler Knappschaft von 1652 sind einige der besonderen Museumsstücke. Auf dem Gelände sind noch echte Grubenanlagen vorhanden. Der Bergbau in der Region war früher in ganz Europa für seinen Fortschritt bekannt. Davon zeugt zum Beispiel das „Oberharzer Wasserregal" mit mehr als 60 Teichen in der Umgebung. Durch dieses System konnten die Bergleute das Wasser aus den Schächten loswerden. Die Teiche sind heute zum Baden freigegeben. Und in strengen Wintern, wenn die Eisflächen dick genug sind, haben Schlittschuhläufer ihren Spaß. Eine eher arktische Wintersportart wird jährlich am ersten Wochenende im Februar geboten. Dann findet eines der wichtigsten Hundeschlittenrennen Deutschlands in den verschneiten Wäldern bei Clausthal-Zellerfeld statt. Tausende Besucher lockt dieses Ereignis an, bei dem Husky-Hunde die Hauptakteure sind.

Dichter

Der Harz zog schon immer Maler, Musiker und Dichter an. Besonders Ende des 18. Jahrhunderts galt es in den gebildeten Schichten als schick, den Harz mit seiner wilden Natur erkundet zu haben.

Johann Wolfgang von Goethe (1749–1832) unternahm drei große Reisen durch das norddeutsche Mittelgebirge. Vom Brocken war er besonders begeistert, wanderte zum ersten Mal am 10. Dezember 1777 hinauf. Zwei weitere Aufstiege folgten. Die Strecke, die er wählte, ist heute als „Goetheweg" gekennzeichnet. Zur Erholung war Goethe nicht im Harz unterwegs. Er erforschte die Geologie und den Bergbau der Region. Von Felsen schlug er Gesteinsproben ab, bewunderte Tropfsteinhöhlen. In vielen Harzorten verweilte der Dichter, was die Tourismusbranche heute zu nutzen weiß. Literarisch verarbeitete Goethe seine Eindrücke vor allem im „Faust", seinem großen Werk, das den Harz weltweit bekannt machte. Darin beschreibt er auch die →*Walpurgisnacht*, in der die Hexen auf dem →*Brocken* tanzten. Eine weitere Harz-Reise unternahm Goethe 1783, wanderte durch das →*Bodetal*. Ein Jahr später soll er sich noch einmal auf den Weg gemacht haben.

Wie Goethe war Heinrich von Kleist

Goethestein am Wolkenhäuschen

Heinestein auf dem Brockengipfel

(1777–1811) vom Bergbau im Harz begeistert. 1801 besuchte er den Rammelsberg: „In Goslar fuhren wir in den Rammelsberg, wo in großen Höhlen die Erze mit angezündeten Holzstößen abgebrannt werden und alles vor Hitze nackend arbeitet. Man glaubt in der Hölle oder doch wenigstens in der Werkstatt der Cyklopen zu sein."

Nicht weniger angezogen vom Harz fühlte sich Heinrich Heine, der 1784 von Göttingen über Ilsenburg bis auf den Brocken wanderte. Danach schrieb er: „Viel Schönes habe ich auf dieser Reise gesehen, und unvergesslich bleiben mir die Täler der Bode und Selke. Wenn ich gut haushalte, kann ich mein ganzes Leben lang meine Gedichte mit Harz-Bäumen ausstaffieren ..."

Inspiriert von Heine und Goethe unternahm der dänische Dichter Hans Christian Andersen (1805–1875) im Frühsommer 1831 eine Reise durch die norddeutsche Mittelgebirgslandschaft. Er besuchte →*Goslar*, das →*Ilsetal*, die Rosstrappe und natürlich den →*Brocken*. Er war von der Natur überwältigt.

Aber auch Kafka, der im Eckertal kurte, und Hermann Löns, der von

Geburtshaus des Dichters F. G. Klopstock

→*Wernigerode* schwärmte, weilten hier.

In der Harzstadt →*Quedlinburg* wurde der Dichter Friedrich Gottlieb Klopstock (1724–1803) geboren. Sein Geburtshaus ist heute ein Museum mit Ausstellungen zur Literatur des 18. Jahrhunderts.

In Oberwiederstedt am östlichen Harzrand steht das Geburtshaus und heutige Museum des Schriftstellers Philipp Friedrich von Hardenberg (1772–1801), der als Novalis in die Geschichte einging.

Drei Annen Hohne

Drei Annen Hohne liegt im Waldgebiet zwischen →*Schierke* und →*Wernigerode*. Auf dem Bahnhof zweigt die Brocken- von der Harzquerbahn ab, die 1898 in Betrieb ging. Manchmal kommt es deshalb auch vor, dass drei Züge gleichzeitig im Bahnhof ste-

Der Ottofelsen liegt zwischen Drei Annen und der Steinernen Renne (südwestlich von Wernigerode). Das beliebte Wanderziel ist von beiden Stellen aus zu Fuß zu erreichen.

hen. Die Station wurde gebaut, um das Forsthaus Hohne und das Gasthaus „Drei Annen“ (heute ein modernes Hotel) erreichen zu können. Der Name Drei Annen ist 1770 erstmals ur-

kundlich festgehalten. Damals beantragte der Bergverwalter Schmidt aus Schierke eine Abbaugenehmigung. Er wollte in der Nähe des heutigen Hotels Kupfer- und Silbererze gewinnen. Der Parkplatz in Drei Annen Hohne ist ein idealer Startpunkt für Wanderungen, unter anderem auf dem „Harzer Hexenstieg". Eine Strecke führt nach einigen Kilometern zum Ottofelsen, mit 36 Meter Höhe einer der größten Granitsteine im →*Nationalpark Harz*. Imponierend ist ebenso die unter Naturschutz stehende Eiche, die sich auf einer Wiese westlich des Forsthauses Hohne befindet.

Kloster Drübeck

Das Kloster Drübeck bei →*Wernigerode* ist ein ehemaliges Benediktinerinnen-Kloster, das heute von der Evangelischen Kirche genutzt wird. Es befindet sich dort ein Pädagogisch-Theologisches Institut zur Ausbildung von Religionslehrern und Gemeindepädagogen sowie ein Pastoralkolleg zur Fortbildung von Pfarrern.
Die Anfänge des Klosters liegen im 9. Jahrhundert. Erste Äbtissin war Adelbrin, deren Grabmonument in der Krypta der Kirche aufbewahrt wird. Ende des 17. Jahrhunderts wurden die Gebäude den Grafen zu Stolberg-Wernigerode übereignet, die dort 1732 ein evangelisches Damenstift eröffneten. Die letzte Äbtissin im Kloster Drübeck war Magdalena. Sie überzeugte 1946 die evangelische Kir-

Der Kernbau der Klosterkirche St. Vitus zu Drübeck aus dem 10. und frühen 11. Jahrhundert nimmt einen angesehenen Platz in der Geschichte des frühen sakralen Kirchenbaus ottonischer Zeit ein. Die Krypta (unten), war ursprünglich eine fünfschiffige Halle.

chenprovinz Sachsen, den gesamten Komplex zu übernehmen. Aus dem Kloster wurde dann ein Erholungsheim mit Tagungsstätte. Heute ist das Anwesen ein evangelisches Zentrum, in das bis 2009 mehrere Millionen Euro investiert werden. So werden in den Domänenscheunen Seminar-, Bibliotheks- und Archivräume sowie Übernachtungsplätze eingerichtet. Auch ein großer Festsaal entsteht.

Jährlich wird das Kloster von mehr als 30000 Besuchern besichtigt. Im „Haus der Stille" können Gäste klösterliche Traditionen wie das Meditieren erleben.

Elbingerode

Elbingerode und seine Umgebung mit Königshütte, →*Rübeland* und Hüttenrode sind seit etwa 1000 Jahren mit dem Bergbau verbunden. Eisenerz gewonnen wurde aber Anfang der 1970er-Jahre zum letzten Mal. Doch die Bergbau-Tradition lebt im Schaubergwerk Büchenberg weiter. Zudem wurde vor einigen Jahren der „Montangeschichtliche Rundwanderweg durch das Bodefeld" angelegt. Die Strecke verbindet alle noch bestehenden Zeugnisse des blühenden Bergbaus.

Eine ca. 5 Tonnen schwere Grubenlok EL-9 vor dem Schaubergwerk Büchenberg erinnert an den Bergbau.

Der malerische Fachwerkort liegt in einer Mulde des Mittelharzer Hochplateaus.

Das hübsche Elbingerode mit seinen schönen Fachwerkhäusern lockt auch viele Gäste, die sich nicht unbedingt für die Bergbaugeschichte interessieren. Ein wahres Kleinod für Badegäste ist das kostenlose Naturbad, das aus

Quellwasser gespeist wird. Wer lieber wandern möchte, kann sich verschiedene Aussichtspunkte zum Ziel setzen. Ob der Galgenberg, die Susenburg oder andere Höhen, alle Ausblicke sind wunderschön.

Und natürlich sollte ein Besuch der berühmten Rübeländer Tropfsteinhöhlen auf dem Urlaubsprogramm stehen.

Bei Kanufahrern ist indes die Wildwasserstrecke Königshütte ein Begriff. Der etwa 400 Meter lange Abschnitt der Kalten Bode reizt die Wassersportler durch seine schnelle Strömung.

Elend – hier steht Deutschlands kleinste Holzkirche

Sie ist nur elf Meter lang und fünf Meter breit, rund 60 Quadratmeter groß und bietet nur 80 Menschen Platz: Deutschlands kleinste →*Holzkirche* steht in dem Harzdorf Elend. Gebaut wurde sie 1897. Bis dahin gab es nur Gottesdienste für Kranke, und zwar im Schulzimmer. Alle anderen Dorfbewohner mussten zum Gottesdienst ins zwölf Kilometer entfernte Elbingerode. Gebaut werden konnte das Gotteshäuschen in Elend auch nur, weil die Gläubigen in Elend fleißig spendeten. Die Kirche selbst hatte nicht genügend Geld. Auf einen Turm musste bei dem Fachwerkbau im neugotischen Stil dann zunächst aber verzichtet werden. 1904 wurde schließlich ein Turm auf das Dach gesetzt, die Bürger hatten wieder gespendet. Das Innere der Kirche ist sehr einfach gehalten. Aus Platzmangel steht der Holzaltar auf Rollen, damit er verschoben werden kann. Besucher, die es ins etwa 500 Meter hoch gelegene Bergdörfchen zieht, werden sofort von der Kirche angezogen. Sie steht mitten im Ort auf der Kirchenwiese, beschützt von zwei Eichen, die mehr als 700 Jahre alt sind.

Übrigens: Elend hat seinen Namen wirklich nicht verdient. Schon Goethe hielt sich hier mehrmals auf. Er ließ sich bei seinen Wanderungen durch das Elends-Tal nach Schierke für seinen „Faust" inspirieren. Damit hatte er gleichzeitig dafür gesorgt, dass mehr Gäste nach Elend kamen und die kleine Gemeinde Kurort wurde. Der Ort soll nichts mit „elenden" Lebensverhältnissen zu tun haben, sondern die Ilsenburger Mönche hätten ihn „eli lenti", fremdes Land, genannt. Der Zweite Weltkrieg und die DDR-Zeit veränderten alles: Das Dorf wurde nach dem Mauerbau zum Sperrgebiet erklärt. Die Grenze verlief durch die Gemeinde, vom Bremkebach bis zum Moortal. Es waren schwere Jahre für die Menschen. Erst nach der Wende blühte das 650-Seelen-Dorf wieder auf. Und auch die Gäste kommen wieder, erfreuen sich im Sommer wie im Winter der guten Luft und der Ruhe. Vor allem Wanderer und Ski-Langläufer haben hier ideale Bedingungen.

Die kleinste Holzkirche Deutschlands

Gernrode

Welchen Genuss uns die himmlische Aussicht bis Magdeburg, von der einen Seite in den düsteren schwarzen Harz, von der anderen Seite auf ein romantisches Dörfchen zu Füßen, verschafft, ist unbeschreiblich.

So formulierte Joseph von Eichendorff in der Novelle „Viel Lärmen um nichts" seine Eindrücke vom Stuben-

In Gernrode steht die älteste romanische Kirche Deutschlands. Sie ist das einzige fast unveränderte Bauwerk ottonischer Zeit.

berg. Am 10. September 1805 hatte er als Student Gernrode besucht. Der Stubenberg wurde 1754 als Herrenhaus erbaut und durchlebte eine wechselvolle Geschichte. 1910 wurde es zum Hotel „Kurhaus" umgebaut, nach dem Zweiten Weltkrieg war es ein Ferienheim. Danach wurde es zum Panorama-Hotel „Stubenberg", seit 2003 ist es ein Seminarhaus. Es ist die Lage der Anlage, die immer wieder viele Besucher anzieht, auch bekannte Persönlichkeiten. Neben Joseph von Eichendorff besuchte der Maler Caspar David Friedrich auf einer Studienreise im Jahr 1795 den Stubenberg, und Heinrich von Kleist war im Frühjahr 1797 dort. Während seiner vierten Harzreise besuchte ebenso Johann Wolfgang von Goethe am 15. August 1805 das Städtchen Gernrode. Schließlich wanderte der Dichter Theodor Fontane zum Stubenberg.

Ein ungewöhnliches Gebäude in Gernrode ist auch das Wetterhaus der Harzer Uhrenfabrik. In der Fabrik werden aber nicht spezielle Harzer Uhren, sondern echte Schwarzwälder Uhren hergestellt. Bei der Produktion der Kuckucksuhren können Besucher zuschauen.

Das heutige Rathaus am Markt wurde 1914/15 im Fachwerkstil erbaut.

Die Blicke zieht natürlich auch der ungewöhnlich große Kirchenbau auf sich. Die Basilika St. Cyriakus mit ihren zwei Türmen ist die älteste romanische Kirche in Deutschland. Seit ihrem Bau im Jahr 1014 wurde an der Kirche kaum etwas verändert. Sie gilt deshalb als einer der wichtigsten Sakralbauten aus ottonischer Zeit.

Das beschauliche Gernrode ist auch deshalb ein idealer Urlaubsort, weil es zentral im Dreieck der Städte →*Quedlinburg*, →*Thale* und →*Ballenstedt* liegt. Jeder dieser Orte lohnt zu jeder Jahreszeit für einen Tagesausflug.

Goslar – die Kaiserstadt entdecken

Die Sonne bringt ihn zum Glänzen. Stolz schwingt der goldene Reichsadler von Goslar seine Flügel. Mit stolzem Blick thront er auf dem Marktbrunnen. Wohl jeden Goslar-Besucher zieht er in seinen Bann. Touristen ruhen sich auf der Rundtreppe im Glanz des Reichsadlers aus, bringen sich vor dem Wahrzeichen der Stadt für ein Erinnerungsfoto in Stellung. Ist plötzlich ein Glockenspiel zu hören, wenden sich alle Blicke dem Kämmerergebäude zu. Vier Mal am Tag öffnen sich kleine Türen und verschiedene Figuren ziehen auf dem Zwerchgiebel des grauen Hauses vorbei. Sie erzählen die mehr als tausendjährige Bergbaugeschichte von Goslar, die mit den enormen Kupfervorkommen des Rammelsberges zusammenhängt.

Entdeckt wurden die Erzadern im Jahr 968. Der Berg galt zu jener Zeit als das europäische Bergwerk mit der größten Ausbeute. Dies war für Kaiser Heinrich II. ein Grund, seine Pfalz von Werla nach Goslar zu verlegen. So hatte die Harzstadt im 11. und 12. Jahrhundert eine große politische Bedeutung: Insgesamt wurden hier 23 Reichstage abgehalten und viele Könige und Kaiser besuchten die blühende Stadt.

Im 13. Jahrhundert brachten vor allem das im Rammelsberg gewonnene Silber sowie die Münzprägungen Wohlstand, wenngleich die Schürfrechte dem Herzog von Braunschweig gehörten. Als es um 1350 im Rammelsberg Probleme mit dem Grundwasser gab und die Ausbeute deutlich weniger wurde, übernahmen die Goslarer selbst den Bergbau. Hundert Jahre später wurden sie dafür belohnt: Neue Bergbautechnik führte um 1460 herum zu einer zweiten Blüte, die 1500 ihren Höhepunkt erreichte. In diesen Jahrzehnten entstanden die prachtvollen Bauten, die heute noch in Goslar zu bewundern sind. Dazu zählen das Rathaus mit dem Huldigungssaal sowie das Gildehaus der Gewandschneider, in dem heute das „Hotel Kaiserworth" residiert. Doch nicht nur um den historischen Marktplatz herum sind prächtige Gebäude zu bewundern, die gesamte Altstadt glänzt durch verzierte Fachwerk-Fassaden und Häuser, die mit Schiefer verkleidet oder eingedeckt sind. Alles zusammen

Die Kaiserpfalz in Goslar: einer der bedeutendsten mittelalterlichen Profanbauten.
Nächste Seite: Auf dem Marktplatz beginnen die Führungen „Goslar zur Dämmerstunde".

war für die UNESCO so bedeutend, dass sie der wundervollen Altstadt das Prädikat „Weltkulturerbe" verlieh. Dies gilt übrigens auch für den Rammelsberg, schließlich wäre Goslar ohne ihn nicht das, was es heute ist: die Perle des Harzes.

Empfehlenswert sind eine Besichtigung der Kaiserpfalz mit ihren prächtigen Wandgemälden, das gotische Rathaus, das Stadtmuseum mit seiner Fossiliensammlung und natürlich das Schaubergwerk Rammelsberg. Ein Besucher-Magnet ist immer wieder der Kaisermarkt, ein mittelalterliches Stadtfest.

Rats-Apotheke

99 7237-3

Harzgerode

Das mittelalterlich wirkende, aber erst 1901 im Fachwerkstil erbaute Rathaus glänzt am Markt von Harzgerode. Doch der kleine Ort hat mehr zu bieten. Vor allem das nach außen hin unscheinbar wirkende Schloss sollte besichtigt werden. Fasziniert sind Besucher vom Parkettfußboden des Festsaals, in dem alle Harzer Holzarten verarbeitet wurden. Die Handwerkskunst der Region ist auch in der Heimatstube des Schlosses dokumentiert. Kunstguss-Exponate im Schloss wecken das Interesse an der Eisenhütte im Ortsteil Mägdesprung. Die Carlshütte, ein aktives Museum, lässt die Besucher in eine fast vergessene Industriewelt eintauchen. Seit 1646 stellt die „Eisenhütte unterm Mägdesprung" kunstvolle Eisengüsse her. Durch die Entwürfe von Johann Heinrich Kureck wurde die Eisengusskunst aus Mägdesprung weit über die Grenzen Deutschlands hinaus bekannt. Harzgerode, zu dem auch die Ortsteile →*Alexisbad* und Silberhütte zählen, war früher das Zentrum des Bergbaus im Unterharz. Die letzte Grube stellte ihren Betrieb 1910 ein.

Baulich fast unverändert zeigt sich das von Georg III. von Anhalt erbaute Harzgeroder Schloss. Das 1901 eingeweihte Rathaus (rechts) auf dem neugestalteten Marktplatz

Heinrich-Heine-Weg

Es gibt verschiedene Wege, die auf den →*Brocken* führen. Am schönsten, aber auch am anstrengendsten ist der Pfad, auf dem der Dichter Heinrich Heine am 20. September 1824 wanderte. Es handelt sich dabei um den alten Hirtenstieg, über den früher Hirten ihr Vieh zum Weiden auf den Brocken trieben.

Der Heinrich-Heine-Weg beginnt hinter dem Städtchen →*Ilsenburg* und führt durch das →*Ilsetal*. Die Ilse entspringt am Brocken, etwa in 1000 Meter Höhe, und plätschert beschwingt wie eine „Prinzessin" (Heine) ins Tal hinunter. Nach 30 Kilometern erreicht sie die Oker, die in die Aller mündet, gelangt dann bei Verden in die Weser und erreicht mit ihr die Nordsee. Dies erfährt der Wanderer auf einem Schild, das zugleich den Beginn des Heinrich-Heine-Weges signalisiert. Dort befinden sich das alte Brunnenhaus und die Prinzess-Ilse-Quelle, aus deren Wasser früher das Harzer Tafelbrunnen hergestellt wurde.

Wer jetzt wirklich Heinrich Heine folgen möchte, muss sich für den Weg direkt am Wasser entscheiden, nicht für die bequemere Waldarbeiterstraße.

Dem Harzkenner fällt schon nach den ersten Kilometern auf, dass im Flussbett der Ilse viel mehr Felsblöcke liegen als in anderen Harzflüssen. Auf dem ersten Teil der Strecke sind es überwiegend Buchen, die bis ans Ufer heranragen. Stürmisch stürzt das Wasser bei den Ilsefällen den Berg herunter, doch immer wirkt die Ilse leichtfüßig, wie eine Prinzessin halt. Hat der Wanderer die Wasserfälle hinter sich gelassen, erreicht er bald eine weite Lichtung, wo die „himmelhohen Tannen" (Heine) dem Windbruch zum Opfer gefallen

Der Heinrich-Heine-Weg führt durch das Ilsetal, an den Ilsefällen vorbei.

sind. Stetig geht es danach bergauf. Doch erst, wenn der Wanderer den alten Kolonnenweg der ehemaligen DDR-Grenztruppen erreicht, nimmt die Anstrengung mit jedem Schritt zu. Und mit jedem Schritt wird es kälter und unwirklicher. Dem Wanderer fällt Heines Beschreibung ein: „Je höher man den Berg hinaufsteigt, desto kürzer, zwergenhafter werden die Tannen, sie scheinen immer mehr und mehr zusammenzuschrumpfen, bis nur Heidelbeer- und Rotbeersträucher und Bergkräuter übrig bleiben.“ Weit kann man jetzt über das Harz-Vorland schauen. Nur den Blick nach oben versperrt dichter Nebel. Es gehört schon viel Glück dazu, einen der wenigen Tage im Jahr zu erwischen, an dem keine Nebelschwaden über den Brocken ziehen. Heinrich Heine erlebte solch einen Tag, sah den Gipfel schon vom Kleinen Brocken aus: „Es ist ein äußerst erschöpfender Weg, und ich war froh, als ich endlich das lang ersehnte Brockenhaus zu Gesicht bekam.“

Herzberg

Das Welfenschloss hoch über der Stadt Herzberg stammt in seinen ältestenTeilen aus dem 16. Jahrhundert. Besonders sehenswert ist der Turm im Innenhof mit farbig gefassten Zierschnitzereien der Spätrenaissance.

Das Welfen-Schloss Herzberg am Südhang des Harzes, dort wo Hügel und Wälder die Landschaft prägen, zählt zu den hervorragenden Bauten der Region. Der mit Schnitzereien verzierte Glockenturm und das farbenstarke Fachwerk ziehen die Blicke an. Früher stand hier eine Burg, die im Jahr 1157 Heinrich der Löwe übernahm. Bis 1866 gehörte die Burg den Welfen. Nach einem schweren Brand wurde im 16. Jahrhundert das Renaissance-Schloss gebaut, das die Stadt Herzberg überragt. Im Schloss selbst werden Ausstellungen gezeigt, eine dokumentiert die Geschichte des Welfenhauses.

Auch der Ort selbst hat vieles zu bieten, so die herrlichen Fachwerkhäuser in der Junkerstraße. Viele Einheimische und Touristen zieht es an die nahe Rhumequelle. Sie soll eine der reichsten Quellen Europas sein.

Herzberg trägt übrigens den Beinamen „Esperanto-Stadt“. Esperanto ist eine Brückensprache, die die Verständigung zwischen Menschen verschiedener Völker erleichtern und kulturelle Gleichberechtigung ermöglichen soll. Denn sie lässt sich schneller erlernen als jede Nationalsprache. In Herzberg gibt es Esperantosprecher seit Mitte der 1960er-Jahre. Seit einigen Jahren zieht besonders das Interkulturelle Zentrum in Herzberg Esperantofreunde aus dem In- und Ausland an.

Größte Holzkirche

Sie muss für viel Geld saniert werden: Europas größter Holzkirche, die auf dem Hindenburgplatz in →*Clausthal-Zellerfeld* steht, drohte der Verfall. 2004 begannen die umfangreichen Arbeiten. Dafür wurde auch „Mondphasen-Holz" verwendet. Es wird bei abnehmendem Mond geschlagen, ist besonders trocken und widerstandsfähig. Die Gesamtkosten für die Kirchensanierung werden mindestens zehn Millionen Euro betragen. Allein der Neubau des 32 Meter hohen Glockenturms wurde mit mehr als zwei

Eine Sehenswürdigkeit ist die größt, komplett aus Holz erbaute Kirche in Deutschland.

Millionen Euro veranschlagt. Ein Förderverein und viele andere setzen sich für den Erhalt des Baudenkmals ein. Die Marktkirche „Zum Heiligen Geist“ wurde von 1636 bis 1642 aus Eichen- und Fichtenholz gezimmert und von Harzer Bergleuten bezahlt. Mit 2000 Sitzplätzen ist die 60 Meter lange und 36 Meter breite Marktkirche eine der größten Holzkirchen der Welt.

Sehenswert sind besonders Kanzel, Altar und die Taufgruppe, allesamt Werke von Andreas Gröber, einem anerkannten Holzschnitzer des Frühbarock.

Ilsenburg

Beschaulich an der „Straße der Romanik“ liegt Ilsenburg in Sachsen-Anhalt. Mehr als 1000 Jahre ist es her, dass es hier eine kaiserliche Jagdpfalz gab, die den Namen Elysinaburg trug. Das war 995. Im Jahr 1001 gründeten Benediktiner hier ein Kloster, das nach der Reformation Wohnsitz der Grafen zu Stolberg-Wernigerode wurde. Sehenswert ist die romanische Architektur des Klosters – nach der Wende restauriert – und die Kirche „Sankt Peter und Paul“, die zwischen 1078 und 1087 entstand.

Ein Haus voller Geschichte ist das noble Landhaus „Zu den Rothen Forellen“, das am Marktplatz und am Forellenteich steht. Die Blütezeit des Fachwerkhauses begann am Anfang des 19. Jahrhunderts, als der russische Zar Peter, aber auch Heinrich Heine und Theodor Fontane hier einkehrten.

Als kreuzförmige Basilika erbaut, gehört die Klosterkirche St. Peter und Paul zu den ersten Bauwerken der „Hirsauer Bauschule“. Die Klosterkirche ist mit einem romanischen Gipsfußboden und mit einem barocken Hochaltar mit filigranen Schnitzereien und reichhaltigen Verzierungen versehen.

Heine war es, der von Ilsenburg aus zum →*Brocken* aufstieg.

Nicht weit von Ilsenburg befindet sich die Bäumlers-Klippe, wo es ein Familiendrama gegeben haben soll. Ein Jäger namens Bäumler erstach aus Eifersucht seinen Sohn und stürzte sich anschließend von der Klippe. Theodor Fontane nahm das Drama in seiner Erzählung „Ellernklipp" auf.

Früher lebten die Menschen in Ilsenburg vor allem von der Eisengewinnung. Über die Grenzen bekannt wurde der Ort durch das Gießen von Ofen- und Kaminplatten – auch heute wird noch Kunstguss betrieben.

Die Anfänge des Fremdenverkehrs liegen am Ende des 19. Jahrhunderts. 1893 wurden bereits 2400 Urlauber gezählt, 1947 kam die Anerkennung als Luftkurort. Das Heilklima, die herrliche Natur, die Nähe zum Brocken, die Romanik und das riesige Wanderwegenetz machen den Ort beliebt.

Ein Prunkstück ist die Klosterkirche mit den Sarkophagen und dem reich mit Ornamenten verzierten Estrichfußboden aus dem 12. Jahrhundert.

Ilsestein

Nur einige Kilometer von →*Ilsenburg* (Sachsen-Anhalt) entfernt liegt der Ilsestein: Diesen geschichtsreichen Felsen sollten Harz-Reisende sich nicht entgehen lassen. Schon Heinrich Heine war fasziniert, schrieb in seiner „Harzreise":

Der Ilsestein ist ein ungeheurer Granitfelsen, der sich lang und keck aus der Tiefe erhebt. Von drei Seiten umschließen ihn die hohen, waldbedeckten Berge, aber die vierte, die Nordseite, ist frei, und hier schaut man in das unten liegende Ilsenburg und die Ilse, weit hinab ins niedere Land. Auf der turmartigen Spitze des Felsens steht ein großes eisernes Kreuz, und zur Not ist da noch Platz für vier Menschenfüße.

Das große Kreuz aus Gusseisen, das Heine beschreibt, wurde zum Gedenken an die Gefallenen der Befreiungskriege 1813/14 aufgestellt. Wenige Mauerreste der 1007 erbauten und 1107 im Auftrag des Papstes zerstörten Burg sind am Südhang zu sehen. Eine Burg soll es dort oben bereits im Mittelalter gegeben haben, für die Kaiser als Schutz.

Der hoch aufragende Ilsestein (474 m) ist für jeden Wanderer ein besonderes Ziel.

Vom Ilsestein aus hat man einen herrlichen Blick auf den nicht weit entfernten →*Brocken*.

Josephskreuz – der Harzer Eiffelturm

Auf dem 579 Meter hohen „Großen Auerberg" im Südosten des Harzes steht eines der bedeutendsten technischen Bauwerke des 19. Jahrhunderts: das Josephskreuz. Es ist mit 38 Meter Höhe das größte eiserne Doppelkreuz der Welt.
Schon im 17. Jahrhundert befand sich auf dem Berg zwischen Stolberg und Straßberg ein hölzerner Aussichtsturm, der baufällig war. 1834 ließ der Stolberger Graf einen neuen Aussichtsturm aus Holz errichten, und zwar als Doppelkreuz. Der Entwurf stammt von Karl Friedrich Schinkel (1781–1841). Ein Blitzschlag löste 1880 ein Feuer aus, das den Turm zerstörte. Der Bau eines neuen Turms aus Stahl wurde 1895 von Fürst Alfred zu Stolberg veranlasst. Schon ein Jahr später war die Einweihung. In Anlehnung an den Pariser Eiffelturm hatte der Baurat Otto Beißwänger eine Eisenkonstruktion entworfen. Dabei berücksichtigte er aber die Doppelkreuz-Idee von Schinkel. Zusammengehalten wird das 125 Tonnen schwere Bauwerk von mehr als 100000 Nieten. Über 200 Stufen erreicht man die Plattform, von der ein weiter Blick auf den →*Brocken* und das Kyffhäuser-Gebirge möglich ist. Jährlich steigen 50000 Besucher auf das Josephskreuz.

Das Josephskreuz ist das größte Doppelkreuz der Welt.

Köhlermuseum

„Gute Holzkohle muss bläulich schimmern und wie Scherben klingen." Wenn Peter Feldmer über die Holzkohle-Herstellung erzählt, kommt er richtig ins Schwärmen. Der Forst-Ingenieur betreibt zusammen mit seinen Söhnen die Köhlerei Stemberghaus, nicht weit von Hasselfelde im Ostharz entfernt. Nach der Wende hatte er die Köhlerei übernommen, die zu DDR-Zeiten industriell betrieben wurde und 1000 Tonnen Holzkohle jährlich produzierte. Gebraucht wurde die Kohle für die Eisenverhüttung, die Pharmazie oder für die Filtertechnik. Die Hälfte der DDR-Produktion von

Von Anfang April bis Ende Oktober werden traditionelle Erdmeiler aufgebaut, sodass das alte Handwerk ständig live zu erleben ist.

insgesamt 30000 Tonnen ging nach Westdeutschland, brachte Devisen. DDR-Bürger hatten deshalb kaum eine Chance, Holzkohle für ihren Grill zu bekommen. „Deshalb gab es bei uns viele Hobbyköhler", berichtet Feldmer, der schnell erkannte, dass seine Köhlerei nur als Touristen-Attraktion überleben kann. Denn die Holzkohle, die heute im Handel erhältlich ist, kommt überwiegend aus asiatischen Ländern. Etwa 30000 Besucher informieren sich jedes Jahr am Stemberghaus über das schwarze Handwerk, darunter viele Gruppen und Schulklassen. Vor einem qualmenden Meiler stehend und den Hut mit der breiten Krempe auf dem Kopf erklärt Peter Feldmer den Besuchern, wie Holzkohle entsteht.

Zunächst werden etwa 1,20 Meter lange Holzscheite kegelförmig aufgeschichtet und rundherum mit Heu und Erde abgedichtet. In der Mitte wird der Quandelschacht gelassen, der mit leicht brennbarem Reisig und Holzkohleresten angefüllt ist. Über ihn und durch kleine Löcher in der Außenhaut kann der Köhler die Luftzufuhr regeln. Alle zwei Stunden wird der Meiler kontrolliert. „Wir müssen aufpassen, dass nicht zu viel Luft hineinkommt. Es dürfen keine Flammen entstehen, sonst haben wir einen zu großen Ascheanteil dabei", erklärt Feldmer. Der Schwelbrand brennt den Meiler von oben nach unten ab, die Glutsäule erreicht eine Hitze von 400 Grad. Bis die ganzen 30 Raummeter Buchenholz fertig gekohlt sind, vergehen etwa zwölf Tage. Das Volumen des meterhohen Holz-Kegels ist dann um die Hälfte reduziert, doch wiegt die gewonnene Kohle zehnmal mehr als das eingesetzte Holz.

Holzkohle wurde ursprünglich für die Eisenverhüttung gebraucht. Denn sie besteht fast nur aus Kohlenstoff und kann deshalb besonders heißes Feuer entfachen. Da die Bergwerke im Harz riesige Volumen an Erzen ans Tageslicht brachten, war der Bedarf an Holzkohle immens. Riesige Waldbestände wurden dafür abgeholzt. Die Geschichte der Holzköhlerei im Harz ist in einem kleinen Museum am Stemberghaus dokumentiert. Es ist das einzige Museum dieser Art in Deutschland.

Die Erinnerung an diese Lebensweise und an die harte Arbeit im Wald möchte auch der Harzer Köhlerverein wach halten.

Nationalpark Harz

Die Luchse leben hier wieder, auch Auerhähne, Uhus und Wildkatzen. Der Nationalpark Harz bietet ihnen unberührte Lebensräume, in denen auch seltene Pflanzen wachsen. Das geschützte Gebiet umfasst eine Fläche von annähernd 25000 Hektar, was etwa ein Zehntel des gesamten Harzes ausmacht.

Der Nationalpark erstreckt sich vom Harz-Nordrand bei →*Ilsenburg* (Sachsen-Anhalt) bis zum Harz-Südrand bei →*Herzberg* in Niedersachsen. Der zu Sachsen-Anhalt gehörende Nationalpark Hochharz wurde 1990 gegrün-

det, vier Jahre später beschloss Niedersachsen den Nationalpark Harz. Seit 2006 sind beide zum Nationalpark Harz vereint. Die Verwaltung hat ihren Sitz in →*Wernigerode*. Für Naturfreunde, die sich für die geschützte Bergwildnis interessieren, wurden mehrere Nationalparkhäuser eingerichtet, unter anderem in →*Schierke*, Torfhaus und Ilsenburg. Dort erfahren die Besucher alles über die vielfältige Natur des Harzes. Zudem sind gut ausgebildete Ranger im Einsatz, die den Menschen die faszinierende Natur näherbringen möchten. Es sind nicht nur die Berghänge mit den endlosen Buchen- und Fichtenwäldern, die diese Landschaft prägen. Auch die Flüsse und Täler sowie die Hochmoore machen sie besonders wertvoll. Zum Nationalpark zählt auch der →*Brocken*. Auf Norddeutschlands höchstem Berg befindet sich der vom Nationalparkamt betreute „Brockengarten" mit Hochgebirgspflanzen aus aller Welt.

Der Feuersalamander ist eines der seltenen Tiere im Nationalpark Harz.

Okertalsperre

Ein gewaltiges Bauwerk ist die Okertalsperre, die zwischen 1952 und 1956 gebaut wurde. Sie reguliert den Wasserstand des Flusses: schützt vor Hochwasser, sichert Trinkwasser und erzeugt durch das Kraftwerk Romkerhalle Strom. 140000 Kubikmeter Beton wurden für die 260 Meter lange und 67 Meter hohe Staumauer gebraucht. Die bogenförmige Mauer ist passierbar und bietet einen fantastischen Blick auf den Oker-Stausee. Wenn der See voll aufgestaut ist, fasst er 47 Millionen Kubikmeter Wasser.

Die Oker, ein Eldorado für geübte Kanufahrer.

Für den Stausee mussten Anfang der 1950er-Jahre die Menschen von Schulenberg ihre Heimat verlassen, 16 Häuser wurden aufgegeben. 1954 waren die ersten Häuser in Neu Schulenberg, das oberhalb der Talsperre liegt, bezugsfertig.

Schifffahrt auf dem Okerstausee, die höchste im Norden

An der Staumauer lädt die „Okerterrasse" zur Rast ein. Gleich gegenüber legt das Passagierschiff „MS Aquamarin" an, das seine Gäste zur „Großen Okersee-Rundfahrt" einlädt. Eineinhalb Stunden dauert die Seefahrt, es gibt verschiedene Anleger.

Werden die Durchlässe der Staumauer geöffnet, stürzen die Wassermassen zu Tal und treiben die Turbinen des nahen Kraftwerks Romkerhalle an. Bis zum Ausgleichsbecken im Goslarer Ortsteil Oker fließt das Wasser schneller, dadurch wird ein zwei Kilometer langer Flussabschnitt zum Eldorado für Kanufahrer. Aber nur wer diese Sportart beherrscht, sollte das Abenteuer wagen. Die Namen einiger Passagen verraten schon die Tücken. Sie heißen „Wilder Wilfried", „Geisterbahn" oder „Hexenritt".

Nach der Kanustrecke wird das wilde Wasser in einem Ausgleichsbecken gesammelt, das es gleichmäßig abgibt. Auf ihrem weiteren Weg treibt die Oker noch weitere Turbinen von kleineren Kraftwerken an, die ebenfalls Strom erzeugen.

Osterode

Auf dem Rücken von Eseln wurde einst das Getreide in den Oberharz gebracht. An diese Zeit erinnert das Eseltreiber-Denkmal vor dem schieferverkleideten Rathaus (1552) in Osterode. Der Kornmarkt und das fünfstöckige Harzkornmagazin aus dem Jahr 1770 sind weitere Zeugnisse dieser Blütezeit. Im Harzkornmagazin, das am Ufer der Söse steht, sollen damals mehr als 1500 Tonnen Getreide gelagert haben. Der Speicher war noch bis 1911 in Betrieb. Mit Kornvorräten wurden nicht nur die Menschen in Osterode versorgt, sondern auch die Einwohner weiterer Bergstädte. Über Jahrhunderte war Osterode das Handelszentrum am Südharz, zugleich aber auch Bergbaustadt. Vom 14. bis 17. Jahrhundert brachten Eisen-, Hammer- und Hüttenwerke Einnahmen, im 19. und frühen 20. Jahrhundert auch die chemische Industrie. Wer mehr über die Geschichte des Ortes wissen möchte, sollte ins Heimatmuseum gehen. In dem leuchtend roten Fachwerkhaus (um 1640) sind auch Werke des Bildhauers Tilman Riemenschneider (1460–1531) zu sehen, der in Osterode aufwuchs.

Die ehemalige Residenzstadt Osterode ist mit ihren Fachwerkhäusern ein wahres Schmuckstück und lohnt für einen ausgiebigen Stadtbummel.

Die Stadtmauer wurde 1233 erstmals erwähnt.

Die Ratswaage von 1550

Am Kornmarkt steht ein sehr schönes Fachwerkhaus, das Rinnesche Renaissancehaus, und dahinter die Marktkirche St. Ägidien mit ihrem alles überragenden Turm.

Besonders um den Kornmarkt herum stehen imposante Gebäude aus dem Mittelalter. Erwähnt sei hier das Rinnesche Haus (um 1610) mit seinem Fachwerk. Hier übernachtete Heinrich Heine 1824 auf seiner Harzreise. Das älteste Haus ist allerdings die nach einem Feuer neu aufgebaute Ratswaage (heute Restaurant) aus dem Jahr 1550. Es zeigt die älteste Fachwerkfassade der Stadt.

Ein Ausflugsziel ist die Wildvogelstation am Schneiderteich. Hier sind viele Vogelarten des Harzes zu bewundern.

Quedlinburg

In Innenhöfen und Gassen, hinter Fachwerkwänden oft etwas versteckt, zeigt sich das neue Gesicht einer alten Stadt: In Quedlinburg, von der UNESCO zum Weltkulturerbe erklärt, hat sich in den vergangenen Jahren eine ganz besondere Kunstszene entwickelt. Glas, Porzellan, Silber, Holz, Steine – aus fast allen Materialien lassen die überwiegend jungen Leute Neues entstehen. Der alten Stadt tut dies gut, auch wenn ihr Gesicht wie seit Jahrhunder-

Nur ein kleiner Durchgang führt in den Schuhhof, hier hatten früher die Schuster ihre Werkstätten.

ten von den etwa 1300 Fachwerkhäusern, den Kirchen, dem Schlossberg sowie dem Münzenberg geprägt ist. Viele dieser historischen Bauten sind seit der Wende saniert und ziehen die Augen der unzähligen Touristen an, die Jahr für Jahr durch Quedlinburg bummeln. Die Flut der Eindrücke

Besonders sehenswert sind die vielen Fachwerkhäuser um den Marktplatz mit dem Renaissance-Rathaus und der Kornmarkt mit der gotischen Marktkirche St. Benedikti aus dem 13. Jahrhundert. Nächste Seite: Die Stiftskirche St. Servatius in Quedlinburg

ist unbeschreiblich, es braucht Tage, um in die Stadt einzutauchen. Auf jeden Fall sollten Besucher die angebotenen Stadtführungen nutzen oder mit dem Nachtwächter durch die Gassen stiefeln. Der kann so manche kuriose Geschichte erzählen.

Spannend ist es aber auch, Quedlinburg selbst zu entdecken. Die Altstadt mit der Stiftskirche, den Schlossberg, von dem aus man den schönsten Blick über die Stadt genießen kann. Und zu seinen Füßen verwöhnt nicht nur der Käsekuchenbäcker seine Gäste. Eine Einkehr lohnt auch in das Geburtshaus des Dichters Friedrich

Gottlieb Klopstock (1724–1803), in dem eine Ausstellung über das Leben und Werk des großen Sohnes der Stadt informiert. Klopstock wurde unter anderem durch sein Epos „Messias" bekannt. Gleich neben dem Klopstock-Haus am Schlossberg befindet sich die Feininger-Galerie, die Gemälde, Aquarelle und Grafiken des Bauhauskünstlers Lyonel Feininger (1871–1956) zeigt. Er war 1937 vor den Nazis aus Deutschland geflüchtet.

Überhaupt zieht sich das kulturelle Angebot wie ein roter Faden durch

Quedlinburg: der Musiksommer in der Stiftskirche, das Theater, die vielen Konzerte.
Eine Fahrt nach Quedlinburg lohnt besonders in der Adventszeit. Kaum woanders lässt sich so besinnlich in die Weihnachtszeit eintauchen wie vor der historischen Altstadtkulisse. Stolz sind die Menschen auf den größten Adventskalender Deutschlands. Jeden Tag öffnet sich eine Tür von 24 weihnachtlich geschmückten Häusern auf dem Schlossberg.

Blick über die Dächer der Stadt. Im Mittelalter bestimmten die Äbtissinnen des Stiftes die Geschicke Quedlinburgs.

Burgruine Regenstein

Nordwestlich von Blankenburg liegt die wohl älteste erhaltene Sandburg, die Festung Regenstein, auf einem 294 Meter hohen, markanten Felssporn. Die Ruine der im Jahre 1169 erstmals erwähnten Grafenburg mit 32 erhaltenen Felsräumen sowie die barocke Bergfestung sind zu besichtigen. Die Burg wurde ursprünglich fast vollständig aus dem Fels herausgearbeitet, es handelt sich um miteinander verbundene Höhlen. Die gesamte Anlage ist heute als Freilichtmuseum gestaltet. Es sind Funde aus der Burgen- und Festungszeit ausgestellt. Von der Felsplattform ist ein Rundblick von bis zu 50 Kilometern möglich.

Etwa ab 1162 war die Festung Regenstein im Besitz der Grafen von Regenstein. Die Regensteiner Grafenfamilie zog im 15. Jahrhundert auf das Blankenburger Schloss. Danach verfiel die Burg. Der letzte Nachfahre des Adelsgeschlechts, Graf Johann Ernst von Regenstein, starb im Jahr 1599.

1662 besetzten brandenburgisch-preußische Truppen die Festung und bauten sie wieder auf. Endgültig wurde sie im Jahr 1758 zerstört.

Rotes Höhenvieh

Seit Jahrhunderten gehört das Harzer Rote Höhenvieh zum Landschaftsbild im Harz. Es ist sehr genügsam und robust. Da die Rasse nicht mit den heute üblichen Hochleistungskühen mithalten konnte, verlor sie an Bedeutung. In den 1990er-Jahren gab es nur noch wenige Tiere. Dies hat sich dank des Vereins zur Erhaltung der Harzkuh und der Harzziege, der 1992 ins Leben gerufen wurde, geändert. Die Mitglieder haben sich zur Aufgabe gemacht, die Harzkuh, aber auch die für den Harz typische Ziege wieder populär zu machen und anzusiedeln. Inzwischen halten wieder mehrere Landwirte das Harzer Vieh. Den Züchtern geht es dabei auch um die Pflege der Bergwiesen durch die Kühe. Denn die Wiesen mit den rotbraunen Kühen gehören nun mal zur Harzer Bergwelt, wie sie sich die Touristen wünschen. Dies zeigt das Interesse an dem Bergbauernhof „Klein Tirol" in Wildemann, wo das Harzer Rotvieh gehalten wird. Hier können auch Besucher Harzziegen und Hütehunde („Harzer Fuchs") kennenlernen. Pfingsten ist besonders viel los auf

dem Hof. Dann treiben Hirten das Rotvieh vom Bergbauernhof auf die Sommerweide. Übrigens: Das Fleisch des Harzer Höhenviehs schmeckt ähn-

lich wie Wildfleisch und ist deshalb in Restaurants und Landgasthöfen als Delikatesse gefragt.

Auch eine besondere Attraktion ist der Abtrieb des Höhenviehs im Herbst in Wieda. Der kleine Ort ist bekannt für die Aufzucht des Harzer Roten Höhenviehs.

Rübeland

Der Bergbauort Rübeland liegt im Bodetal. Bekannt wurde der Ort vor allem durch die faszinierenden Tropfsteinhöhlen. Die Baumannshöhle ist die älteste Schauhöhle Deutschlands. Es war der Bergmann Friedrich Baumann, der das Labyrinth 1536 auf der Suche nach Eisenerz entdeckte. Die ersten Besucher ließen sich 1646 in die unterirdische Welt führen. Stalaktiten und Stalagmiten haben sich zu mystischen Gebilden geformt und ziehen die Besucher in ihren Bann. Einige Grotten liegen fast 70 Meter unter

Der „Märchenwald" in den Tropfsteinhöhlen

Erde. Die größte Grotte ist 60 mal 40 Meter groß und wurde „Goethesaal" getauft, denn der große deutsche Dichter soll die Baumannshöhle dreimal besucht haben. Der „Goethesaal" wird für Theateraufführungen, Konzerte und andere Veranstaltungen genutzt. Sogar Hochzeiten sind in der Grotte möglich. Entstanden ist die einzigartige Baumannshöhle vor mehr als

Eine Straße führt über die 106 Meter hohe Staumauer der Rappbodetalsperre.

500000 Jahren. Ein Erlebnis verspricht auch der Besuch der nahen Hermannshöhle, die 1750 Meter lang ist. In ihr funkeln besonders schöne schneeweiße Kristalle. Jedes Jahr besuchen bis zu 300000 Gäste die beiden Tropfsteinhöhlen.
Rübeland gehört zur Stadt →*Elbingerode*, die neben den Höhlen noch viel mehr zu bieten hat. Eine Wanderung zum 476 Meter hohen Bielstein ist zum Beispiel wegen seines Pflanzenreichtums zu empfehlen. Und ganz in der Nähe befindet sich die Rappbodetalsperre mit dem größten Stausee des Harzes. Sie ist auch die größte Trinkwassertalsperre Deutschlands und staut die Rappbode auf.

Reste der Wehrmauer der Burg Scharzfels

Burgruine Scharzfels

In einem Waldgebiet etwa 150 Meter über dem Odertal steht auf einem steil aufragenden Dolomitfelsen, östlich der Stadt Herzberg, die mittelalterliche Burgruine Scharzfels. Die Lage mit den senkrecht abfallenden Felswänden machte die Burg damals fast uneinnehmbar. Sie wurde 1131 erstmals erwähnt und war die Stammburg der Grafen von Scharzfeld und bis ins 13. Jahrhundert Reichsburg. In den Besitz der Grafen von Honstein kam sie 1593, später ging sie in den Besitz des Welfenhauses über.

Die Einnahme der als uneinnehmbar geltenden Festung durch französische Truppen geschah im Siebenjährigen Krieg 1761. Nach zehntägiger Belagerung und Verrat eines Schleichweges eroberten die Franzosen die Burg und sprengten sie.

Nur noch Bruchstücke von Gebäuden und Wehrmauern sind erhalten geblieben. Von den in den Felsen eingehauenen Gängen und Räumen sind noch einige zu sehen. Nun ist die Burgruine ein beliebtes Wanderziel. Die Besucher werden mit einer schönen Aussicht auf das südliche Harzvorland belohnt.

Schierke

Wer den →*Brocken* besteigen will oder mit der Brockenbahn auf den höchsten Berg des Harzes fahren möchte, startet meistens in Schierke. Es stehen ausreichend Parkplätze zur Verfügung, der Bahnhof ist in wenigen Gehminuten zu erreichen. An manchen Wochenenden ist das Gedränge aber groß.
Der Luftkur- und Wintersportort

Am Naturdenkmal Schnarcherklippen markierte 1793 Major von Zach den Mittagsmeridian. Das nördliche Meißelzeichen wurde nach 210 Jahren wiedererkannt. Schierke (oben) im Tal der Kalten Bode am Fuß des Brockens gehört zu den beliebtesten Ferienorten.

Schierke liegt im Tal der Kalten Bode, eingerahmt von dichten Wäldern. Hauptsächlich leben die Menschen hier vom Tourismus, die Urlauber kom-

men im Winter wie im Sommer, zum Skilaufen oder zum Wandern. Wobei das Ziel nicht immer der Brocken sein muss. Schierke verfügt über 120 Kilometer Wanderwege sowie einen Naturlehrpfad, der über Pflanzen und Tiere des Harzes informiert. Die Skilangläufer können sich auf kilometerlange Loipen freuen, die Kinder auf mehrere Rodelbahnen. Den Überlieferungen nach war der kleine Ort am Fuße des Brockens früher ein Lager für Holzfäller. Schierke soll einst Schiriken geheißen haben, was „abgeschältes Holz" bedeutet.

Groß gefeiert wird in Schierke die Walpurgisnacht, die Nähe zum Brocken lockt traditionell viele Hexen an.

Selketal

Hier scheint die Welt ihr Ende zu haben. Eine alte Fabrik, die Gaststätte, die kleinen Häuser. Vieles wartet auf einen Neuanfang. Doch was zieht die Menschen nach Mägdesprung, der zu →*Harzgerode* zählenden Ansiedlung? Es ist die Selke, die sich hier erst richtig entfaltet. Verläuft der Fluss sonst eher ruhig durch weite Täler, reichen jetzt Felswände bis ans Ufer. Deshalb gilt die Strecke von Mägdesprung bis zur Selkemühle als wild und romantisch. Der gut ausgeschilderte und gesicherte Selketalstieg führt an einigen Stellen bis zu 20 Meter hoch am Fluss vorbei. Für den Wanderweg musste sogar ein etwa acht Meter langer Tunnel in die Felswand gehauen werden. Manchmal führt der Pfad aber auch auf gleicher Höhe mit der Selke dicht am Ufer entlang. Wie in einem Urwald fühlt man sich, wenn die Sonne nicht durch die aus den Schieferfelsen wachsenden Bäume dringen

Das kleine Backhaus liegt idyllisch im Selketal.

kann. Doch dann, etwa auf halber Strecke bis zur Selkemühle, öffnet sich nicht nur ein weites Tal, sondern eine ungewöhnliche Betriebsamkeit erwartet den Wanderer. Es ist ein kleines Backhaus, das die Ausflügler anzieht. Der Duft von selbstgebackenen Kuchen und anderen Köstlichkeiten lädt zur Rast in die Wanderstation der Eheleute Klock ein. „Hammer IV" nennt sich dieses Fleckchen Erde. In dem heutigen Rasthaus mit Gästezimmern, gemütlichem Kellergewölbe und herrlichem Cafégarten befand sich von 1786 bis 1860 eine Hammerschmiede. Ein von der Selke angetriebenes Wasserrad brachte einen schweren Hammer in Schwung, unter dem glühendes Eisen geformt wurde. In der Schmiede entstanden Werkzeuge, Bleche und Nägel. Als sich das nicht mehr lohnte, zogen Waldarbeiter-Familien in das Haus. Nach der Wende kauften die Eheleute Klock das Anwesen und schufen ein Paradies für Wanderer, die nur ungern zum Weitermarsch aufbrechen. Haben sie das Tal durchschritten, in dem die Sonne auch im Winter fast immer scheint, sind es nur wenige Kilometer bis zum Ausflugslokal „Selkemühle". Nach diesem Etappenziel geht es für viele Wanderer aber noch weiter. Ihr Ziel ist die Burg Falkenstein, die mächtig über dem Tal der Selke thront.

Hoch über der Selke erhebt sich auf einem Bergsporn die Burg Falkenstein. Im Jahr 1120 wird Burchard von der Konradsburg erstmals als Herr zu Falkenstein genannt.

St. Andreasberg

Romantisch liegt die Bergstadt St. Andreasberg, einer der schönsten Wintersportorte im Harz. Zum Wintersport laden das Skigebiet am Sonnenberg sowie das Skistadion am Matthias-Schmidt-Berg ein. In beiden Gebieten herrschen alpine Skiverhältnisse, moderne Liftanlagen sorgen für optimalen Komfort. Am Matthias-Schmidt-Berg gibt es zudem eine 550 Meter lange Sommerrodelbahn. St. Andreasberg liegt mitten im →*Nationalpark Harz* und verfügt in der Umgebung über ein 200 Kilometer langes Wanderwege-Netz. Durch ihre Höhenlage und die Wälder ist die Bergstadt als heilklimatischer Kurort anerkannt. Die ersten Kurgäste kamen 1861, das erste Kurmittelhaus wurde 1965 eröffnet. Das Angebot der Anwendungen ist breit gefächert. Geprägt wurde St. Andreasberg durch den Bergbau. Eine Urkunde vom 3. November 1487 belegt: Schon damals wurde in „sanct andrews berge" nach Silbererz geschürft. Die letzte Grube schloss 1912, die Vorkommen waren ausgeschöpft. Wer sich für die Geschichte des Bergbaus in Andreasberg interessiert, sollte das Schau-Bergwerk „Grube Samson" besuchen. Dort ist noch die „Fahrkunst" in Betrieb, ein Fahrstuhl, mit dem die Bergleute in den Schacht einfuhren. In der „Grube Samson", die seit 1512 besteht, werden regelmäßig Führungen angeboten.

Sommerrodelbahn im Ort mit den steilsten Straßen. Diese Straße von der Unterstadt zur Kirche hinauf wiest eine Steigung von 18 bis 20 Prozent auf.

Stolberg

Wer die Bilderbuchstadt Stolberg im Südharz besucht und den Markt ansteuert, wird unweigerlich vom Thomas-Müntzer-Denkmal angezogen.

Der um 1489 geborene Müntzer (genaues Geburtsdatum ist nicht bekannt) war Prediger und Bauernführer. Er setzte sich für die Armen ein, kämpfte gegen die Ausbeutung der Bauern. In einem mittelalterlichen Fachwerkhaus wird an Müntzer erinnert. Dort befindet sich

Stolberg, die „Perle des Südharzes“. Hoch über der Fachwerkstadt das Schloss, ehemaliger Sitz der Grafen zu Stolberg. Vor dem Rathaus das Müntzer-Denkmal und das Museum Alte Münze.

auch das Museum „Alte Münze“, in dem eine alte Prägewerkstatt zu bestaunen ist. Das Kurstädtchen Stol-

berg liegt in einem Tal, in dem sich die Bäche Thyra, Wilde und Lude treffen und vereinen. Die Stadt hat sich nach der Wende prächtig entwickelt, die hübsch restaurierten Fachwerkhäuser zeugen davon. Das Rathaus mit der Sonnenuhr, der Saigerturm, es gibt viel zu entdecken. Dabei darf natürlich das Schloss nicht fehlen. Es ist der ehemalige Sitz der Grafen zu Stolberg und thront über der Stadt. Oben gibt es eine Aussichtsplattform, von der aus ein herrlicher Blick auf die Kurstadt garantiert ist.

Teufelsmauer

Gott und Teufel stritten sich um den Besitz der Erde. Sie einigten sich: Gott sollte das fruchtbare Flachland behalten, der Teufel das erzhaltige Harzgebirge bekommen, wenn er bis zum ersten Hahnenschrei eine Grenzmauer fertig hätte. Er baute sie bis zum Harzrand. Als noch ein Stein fehlte, krähte der Hahn, den eine Marktfrau aus Cattenstedt, die auf dem Weg nach Blankenburg war, im Korb hatte. Dies war Pech für den Teufel, seine Bauzeit war um. Aus Wut darüber riss er die Mauer teilweise wieder ein, was deren heutige Gestalt erklären soll.

Dies ist eine der Sagen, die eine bizarre Fels-Formation im Harz erklären sollen: die Teufelsmauer. Entstanden ist sie vor etwa 80 Millionen Jahren durch Gesteinsbewegungen, die während des Harzaufstieges zur Steilstellung der mächtigen Bänke des Heidelbergsandsteins führten. Die unter Naturschutz stehende Fels-Reihe nimmt ihren Anfang nördlich von Ballenstedt, es folgen Felsbildungen bei Neinstedt, die im Volksmund „Adlerklippen" heißen. In der Nähe gibt es eine Aussichtsplattform. Richtung Westen zieht sich die Mauer mit dem Hamburger Wappen und dem Heidelberg bis zur Felsklippe „Großvater"

bei Blankenburg, der höchsten Stelle der Teufelsmauer. Wer fit ist, kann hinaufsteigen und erlebt einen einzigartigen Blick über die Landschaft.

Vor ca. 80 Millionen Jahren wurde das Harzgrundgebirge herausgehoben und nach Norden aufgeschoben. Die als Schichtrippe erscheinende Teufelsmauer besteht aus silifiziertem Sandstein.

Thale

Der böse Ritter Bodo aus Böhmen warb um die schöne Königstochter Brunhilde. Eines Nachts, als Bodo sie immer heftiger bedrängte, sattelte sie ihr Pferd und floh. Bodo bemerkte bald ihre Flucht und setzte auf seinem Rappen hinterher. Bei dieser wilden Jagd gelangte Brunhilde in den Harz, bis ihr Ross vor einer großen Schlucht scheute. Um Bodo zu entrinnen, gab sie ihrem Pferd die Sporen und wagte in Verzweiflung den Sprung über diese tiefe Schlucht. Der Aufprall des Pferdehufes hinterließ einen Abdruck – die „Rosstrappe". Bodo wagte ebenfalls den Sprung. Er stürzte aber in den Abgrund und soll dort, als böser Hund verwandelt, die Krone der Prinzessin bewachen, die bei ihrem Sprung in die Tiefe fiel. Der Fluss wurde nach ihm benannt – Bode.

So ist die Sage um die Rosstrappe überliefert, die den Ferienort Thale so bekannt machte. Die Rosstrappe ragt 437 Meter über das →*Bodetal*. Auf den Berg führt bis zum dortigen Hotel eine Straße, die meisten Besucher lassen sich aber von Thale aus mit dem Sessellift nach oben bringen. Der Weg zur Rosstrappe führt am Berghotel vorbei. Die Felsen am Wanderweg werden immer größer und glatter. Gutes Schuhwerk ist deshalb empfehlenswert. Es gibt mehrere Aussichtspunkte, die atemberaubende Blicke über das Tal bieten, das Rauschen der Bode ist trotz der enormen Höhe zu hören. Gegenüber der Schlucht befindet sich der Hexentanzplatz. Er ist ebenfalls mit dem Pkw erreichbar, allerdings sind die Parkgebühren nicht unerheblich. So wählt die Mehrzahl der Besucher die Kabinenseilbahn, die

Mit dem Sessellift erreicht man von Thale bequem die Bergstation Rosstrappe.

Der legendäre „Hufabdruck" auf der Rosstrappe

ebenfalls von Thale aus startet und neben dem Fahrerlebnis einen besonderen Ausblick über das Bodetal bietet. Der Hexentanzplatz ist von Mythen umgeben: Dort sollen Germanen ihre heidnischen Götter gefeiert und sich Hexen in der Nacht zum 1. Mai getroffen haben. Dies ist auch heute noch so. In jeder →*Walpurgisnacht* feiern sie mit Teufeln und Geistern. Dieses Fest zieht von Jahr zu Jahr mehr Gäste aus ganz Deutschland an.

Die Rosstrappe und der Hexentanzplatz, dazu die Investitionen in die Seilbahnen, haben Thale nach der Wende zu einem beliebten Urlaubsort gemacht. Doch auch früher zogen das herrliche Bodetal und die Bergmassive die Gäste nach Thale. Erste Pensionen gab es vor etwa 200 Jahren.

Kloster Walkenried

Das ehemalige Zisterzienserkloster Walkenried im Südharz ist seit 2006 ein Museum, das über das Leben und Wirken der Zisterziensermönche informiert. In die Sanierung der mittelalterlichen Anlage wurden mehr als zehn Millionen Euro gesteckt. Walkenried wurde 1127 als drittes Kloster des Zisterzienserordens auf deutschem Boden gegründet. Vor allem wegen des berühmten doppelten Kreuzganges zählt Walkenried zu den wichtigsten Zeugnissen klösterlicher Baukunst in Europa. Neben dem Kreuzgang konnten das Brunnenhaus, der Kapitelsaal, der Brüdersaal, das Archiv, die Abtei und das Refektorium erhalten werden. Die einst mächtige Klosterkirche ist nur noch eine Ruine. Die Museumsbesucher können nicht nur die Räume der Mönche besichtigen, sondern auch zahlreiche Ausstellungen sehen. Dokumentiert werden vor allem die Walkenrieder Kerngeschäfte Agrar- und Montanwirtschaft. Es wird deutlich, dass die Mönche sehr geschäftstüchtig waren, ihr Betrieb wurde auch der „Weiße Konzern" genannt. Die Mön-

che bestellten Felder, hielten Vieh und züchteten in Teichen Fische. So machten sie Walkenried zu einem der reichsten und politisch bedeutsams-

ten Klöster des gesamten Ordens. Die Blütezeit des Klosters war vom 12. bis zum 14. Jahrhundert. Damals lebten etwa 80 Mönche in Walkenried.

Beeindruckend ragen am Ortsrand Walkenrieds die Reste der stattlichen Klosterkirche, ehemals eine der größten Kirchen Norddeutschlands, in den Himmel.

Walpurgisnacht

Wenn die Hexen mit dem Teufel tanzen – dann wird im Harz Walpurgis gefeiert. Das Fest in der Nacht zum 1. Mai hat eine lange Tradition, ist in Mythen und Sagen überliefert. Demnach versammelten sich die Hexen auf dem Hexentanzplatz bei →*Thale*, um von dort aus auf Besen, Mistgabeln und Tieren zum „Blocksberg", dem →*Brocken*, zu fliegen. Dort oben tanzten sie um ein Feuer und küssten den Hintern des Teufels. Unten in den Harzdörfern versuchten die Menschen, sich gegen eine mögliche Gefahr durch die Hexen

zu schützen. Sie zündeten Feuer an, tanzten. Gleichzeitig begrüßten sie damit den nahenden Frühling.
Die Walpurgisnacht hat ihren Namen von der heiligen Walpurga, die um 710 in England geboren wurde und Mensch und Vieh schützte. Walpurga wurde in einer Nacht zum 1. Mai heilig gesprochen.
Das Hexenfest rund um den Brocken hat der große Dichter Johann Wolfgang von Goethe mit seinem Werk „Faust" weit über den Harz hinaus bekannt gemacht. Heute feiern nicht nur Einheimische in fast 40 Harzorten rund um den Brocken die Walpurgisnacht, sondern auch viele Touristen wollen den Spuk miterleben. Neben dem Hexentanzplatz bei Thale „brennt" auch am Hübichenstein in →*Bad Grund* und in →*Schierke* die Nacht. Ein wahrer „Hexenkessel" ist in →*Altenau* zu erleben. Aber auch das größte eiserne Doppelkreuz der Welt, das →*Josephskreuz* von →*Stolberg*, wird zum Treffpunkt.

Wanderparadies

Auf den →*Brocken* zu wandern, sollte ein Muss für jeden sein, der sich so eine Anstrengung zumutet. Aber die anderen Harzberge laden ebenso zu Touren ein. Bergwandern oder mühelose Rundwanderungen durch Wälder und an Bächen entlang – die gesamte Harzregion bietet etwa 4000 Kilometer ausgeschilderte Wege mit optimalen Bedingungen. Dies ist auch ein Verdienst des Harzklubs, der sich für die Erschließung des Harzes als Wanderparadies einsetzte.

Wer den Brocken erklimmen möchte, dem ist der →*Heinrich-Heine-Weg* zu empfehlen. Allerdings ist dies mit etwas Anstrengung verbunden. Über den Brocken führt ebenso der bekannte „Harzer-Hexen-Stieg“. Er ist fast hundert Kilometer lang, verläuft von Osterode über den Brocken nach →*Thale*.

Markante Etappen-Ziele sind unter anderem die Rosstrappe, das →*Bodetal* oder die Rübeländer Tropfsteinhöhle. Auf der gesamten Strecke prä-

Die gesamte Harz-Region, hier das Selketal, bietet optimale Bedingungen zum Wandern.

Alle Wanderer sind stolz auf die „Harzer Wandernadel".

sentiert sich dem Wanderer eine abwechslungsreiche Natur: Felsen, Wiesen, Wälder und Flüsse. Ein besonderes Ziel sind die Gräben des „Oberharzer Wasserregals", ein für den Bergbau gebautes Wassersammelsystem, das zwischen dem 16. und 18. Jahrhundert entstand.

Ein ungewöhnlicher Wanderweg führt an der ehemaligen innerdeutschen Grenze entlang, wo die Natur noch unberührt erscheint. Der 75 Kilometer lange „Harzer Grenzweg" orientiert sich am „Grünen Band" von →*Ilsenburg* bis nach →*Walkenried*. Ein Naturparadies für bedrohte Tierarten.

Eifrige Wanderer sind stolz, wenn sie die „Harzer Wandernadel" tragen dürfen. Die gibt es, wenn im Wanderpass verschiedene Ziele abgestempelt sind. Infos dazu gibt es in den örtlichen Touristikbüros.

Wasserfälle

Naturgemäß gibt es viele Wasserläufe im Harz und dadurch auch Wasserfälle (Radaufall, Romkerhaller Wasserfall, Nabetaler Wasserfall, Königshütter Wasserfall, Selkefall, Ilsefälle, Lonauer Wasserfall). Die meisten davon wurden durch die Natur selbst geschaffen, bei einigen hat der Mensch bei der Entstehung mitgeholfen.

Der Lonauer Wasserfall (links) bei Herzberg ist der einzige natürliche Wasserfall des Westharzes. Hier stürzt die Lonau heute etwa 10 Meter tief in das Siebertal.

Der Königshütter Wasserfall (rechts) im Ortsteil Rothehütte im Rübeland stürzt über einen Felsen ungefähr 20 Meter in die Tiefe. Er wird von einem kleinen Bach gespeist, der nach dem Wasserfall in die Kalte Bode fließt.

Von dem Fluss Romke wird der im Jahr 1863 künstlich angelegte Romkerhaller Wasserfall versorgt. Eine Aussichtsplattform auf dem fast 70 Meter hohen Felsen bietet eine gute Aussicht auf das „kleinste Königreich der Welt".

Der Radaufall (Bad Harzburg) wurde im Jahr 1859 auf Betreiben der Eisenbahngesellschaft künstlich angelegt.

Wernigerode – die bunte Stadt

Das Gästebuch ist der Beweis: Aus aller Herren Länder kommen die Besucher der Liebfrauenkirche in Wernigerode. Sogar ein Bischof aus Indien stieg die 132 Stufen bis zum Turm hoch, um den Blick auf die Stadt zu genießen. Die Liebfrauenkirche wurde 1762 zur Goldenen Hochzeit des Grafen zu Stolberg-Wernigerode geweiht. Das Schloss des Grafen, das auf dem Agnesberg über der Stadt thront, ist heute eine der Sehenswürdigkeiten der Stadt, in der es sich gut leben lässt. Dies muss schon immer so gewesen sein. Nach einem Besuch im Jahre 1907 nannte Hermann Löns Wernigerode die „Bunte Stadt im Harz". Die vielen

Das Krummelsche Haus mit der beeindruckenden Fassade. Nach dem Verlust des Rathauses durch einen Stadtbrand 1528 wird das „Spelhus" (rechte Seite) 1539 bis 1544 zum Rathaus umgebaut.

Gäste zieht es zunächst zum Marktplatz in der Altstadt, wo sie unbedingt ein Foto von einem der schönsten Rathäuser des Harzes machen müssen. Mit aufs Bild gehört der Wohltäterbrunnen, den eine Kunstgießerei 1848 fertigte. Verewigt sind auf dem Brunnen Bürger, die sich um die Stadt verdient gemacht haben.
Seine Blüte erlebte Wernigerode im Mittelalter, weil sich hier zwei bedeutende Handelsstraßen kreuzten. Hinzu kamen die Tuch- und Holzwirtschaft. Heute ist der Tourismus eine wichtige Einnahmequelle, doch auch andere Wirtschaftszweige haben sich seit der Wende entwickelt.
Akzente setzt die Kulturszene. So betreibt der örtliche Kulturverein eine eigene Galerie. In ihr wird nicht nur ausgestellt, sondern hier finden auch Konzerte statt. Bis heute prägt ebenso das Kunsthandwerk das Stadtleben. „Unikate der Porzellankunst" fertigt beispielsweise Hütter, die kleinste Porzellan-Manufaktur Europas.

Das Schloss Wernigerode auf dem Agnesberg war ursprünglich eine mittelalterliche Burg. 1792 wurde das kleinste Haus in Wernigerode erbaut. Es ist 2,95 Meter breit und die Tür ist 1,70 Meter hoch.

Wetter

Ein einheitliches Wetter für den gesamten Harz gibt es nicht. Die Mittelgebirgslandschaft wird vielmehr durch eine facettenreiche Wetterlage geprägt. Ein Grund dafür sind die einzelnen Gebiete, die sich in unterschiedlichen Höhen befinden. So kann über dem Nordharz die Sonne scheinen, während es im Süden regnet. Schauer halten sich auch gerne auf der Westseite des Mittelgebirges, regnen sich dort ab, während die Menschen im östlichen Teil schönes Wetter haben. Das Wetter kann schnell umschlagen. Wind aus westlicher Richtung drückt oft eine Regenfront vor sich her, die sich an den Bergwänden des Oberharzes abregnet. Im Hochharz fallen etwa 1500 Millimeter Niederschlag pro Jahr, nur ein Drittel davon sind es im Flachland. Grundsätzlich ist es im Unterharz milder und trockener, besonders das Frühjahr und der Herbst laden zu Wanderungen ein. Im Oberharz kann es am gleichen Tag nass und kühl sein. Ein Klima wie in den Alpen herrscht im Hochharz, was im Winter natürlich die Skiläufer freut. Auf den Harzbergen ist es in besonderen Höhenlagen

manchmal schöner als in den Tieflagen. Während durch die Täler nasskaltes Schietwetter zieht, scheint die Sonne über den Schneepisten. Sehr harte Wetterbedingungen sind auf

dem →*Brocken* zu verzeichnen, auf dem die Vegetationsperiode nur vier Monate dauert. An mehr als 80 Tagen im Jahr fällt das Thermometer auf dem 1141 Meter hohen Berg unter den Gefrierpunkt. Im Winter werden schon mal Minusgrade von mehr als 20 Grad gemessen. Und der Brocken steckt oft im Nebel, durchschnittlich ist das an 300 Tagen im Jahr der Fall.

Wintertraum

Der Harz war schon immer ein Paradies für Wintersportler, besonders Langläufer finden hier ideale Bedingungen. Sie genießen es, bei klarer Winterluft durch die märchenhafte Schneelandschaft zu gleiten.
Die Wintersport-Saison beginnt im Harz meistens im Dezember und endet vorwiegend im März. Doch es kommt vor, dass schon früher reichlich Schnee fällt. Wie im Jahr 2007, als Mitte November eine etwa 50 Zentimeter starke Schneedecke gemessen wurde. Auf dem →*Brocken* soll der Schnee sogar fast einen Meter hoch gelegen haben, doch auf dem höchs-

ten Berg des Harzes ist Wintersport nicht möglich. Ein solch früher Wintereinbruch ist aber sehr selten, zuletzt war dies 1974 der Fall. Vielmehr bekommen auch die Wintersportorte im Harz den Klimawandel zu spüren, gibt es nur einen kurzen Winter.

Ob in →*Hahnenklee*, Hohegeiß, →*Bad Harzburg* oder →*St. Andreasberg*, der Harz verfügt über eine Vielzahl an tollen Skigebieten. Fast wie in den Alpen geht es auf dem Bocksberg (Hahnenklee) oder auf dem Wurmberg (Braunlage) zu. Doch es müssen nicht immer die Pisten sein: Rodelbahnen und Eissporthallen sind bei den Winterurlaubern ebenso beliebt.

Zorge

Wer die absolute Ruhe sucht, der findet sie in Zorge, einem der Südharzer Walddörfer. Der Ort mit seinen Fachwerkhäusern liegt zwischen →*Walkenried* und Hohegeiß und wurde bereits zweimal als „Schönste Gemeinde" ausgezeichnet. Die Gegend rund um das Tal der Zorge ist recht waldreich. Eingebettet ist das Walddorf von den Bergen Jagdkopf, Staufenberg, Hoheharz und Eichenberg. Der staatlich anerkannte Luftkurort verfügt über ein ausgedehntes Wegenetz, das sich bequem erwandern lässt. Im Winter laden Langlaufstrecken und Pisten zum Skifahren ein.

Zum ersten Mal erwähnt wurde Zorge 1249, als Mönche aus dem Kloster Walkenried eine Erzhütte einrichteten. Wer mehr über Zorge und seine Geschichte wissen möchte, sollte das Heimatmuseum besuchen.

Ganzjahrespyramide in Zorge

Inhalt

Alexisbad 10
Altenau 12
Altenbrak 14
Bad Grund 15
Bad Harzburg 16
Bad Lauterberg 18
Bad Sachsa 20
Ballenstedt 22
Benneckenstein 25
Bergbau 26
Blankenburg 28
Bodetal 32
Braunlage 34
Brocken 38
Clausthal-Zellerfeld 44
Dichter 46
Drei Annen Hohne 48
Drübeck, Kloster 50
Elbingerode 52
Elend 54
Gernrode 56
Goslar 58
Hahnenklee 62
Harzer Käse 64
„Harzer Roller" 65
Harzer Schmalspurbahn 66
Harzgerode 70
Heinrich-Heine-Weg 72
Herzberg 75
Holzkirche, größte 76
Ilsenburg 78
Ilsestein 82
Josephskreuz 83
Köhlermuseum 84
Nationalpark Harz 86
Okertalsperre 90
Osterode 92
Quedlinburg 94
Regenstein, Burgruine 101
Rotes Höhenvieh 102
Rübeland 104
Scharzfels, Burgruine 107
Schierke 108
Selketal 110
St. Andreasberg 112
Stolberg 114
Teufelsmauer 116
Thale 118
Walkenried, Kloster 120
Walpurgisnacht 122
Wanderparadies 124
Wasserfälle 127
Wernigerode 128
Wetter 132
Wintertraum 134
Zorge 139

Umschlagabbildungen: Brocken, Quedlinburg und Rammelsberg
Vorsatz vorne: Blick auf den Harz
Vorsatz hinten: Wintersport bei Altenau

Fotos: Seite 65 Dieter Brumm, Seite 104 Ernst Schuhose, mit freundlicher Genehmigung des Schauhöhlen- und -bergwerksbetriebs Rübeland

Bibliografische Information der Deutschen Nationalbibliothek
Die Deutsche Nationalbibliothek verzeichnet diese Publikation in der Deutschen Nationalbibliografie; detaillierte bibliografische Daten sind im Internet über http://dnb.d-nb.de abrufbar.

Gesamtherstellung: Husum Druck- und Verlagsgesellschaft
Postfach 1480, D-25804 Husum – www.verlagsgruppe.de
ISBN 978-3-89876-418-6